歴史文化ライブラリー
153

琉球と中国

忘れられた冊封使

原田禹雄

吉川弘文館

目次

忘れられた冊封使——プロローグ

正朔を奉ずる

近代以前の東アジアの中心は、中国であった。広い国土、多い人口、高い文化、すぐれた技術、豊かな資源に恵まれて、中国は周辺の諸国よりは、遥かに優位にあった。帝王は、天命によって天下を統御し、政治的権威者であるばかりか、道徳的にも、教育的にも、内外を問わず、天下の万民に教化を及ぼす、絶対的な聖なる存在だと、中国人は思い続けてきた。

周辺諸国にとっては、中国のすぐれた産物は必要であったし、技術や文化も、尊重し希求してきた。日本の皇族が、今でも、名や称号をつける時、中国古典から文字を選んでいることひとつを見ても、それがわかる。

この双方の立場の差は、自然に、中国は宗主国《そうしゅこく》、周辺の国々は服属国という立場でなければ、国交を認めないという態度を、中国にとらせるようになった。

中国には、「正朔《せいさく》を奉《ほう》ずる」という言葉がある。正朔は暦である。中国では、帝王は天下の空間と時間の支配者であったから、帝王が新たに国を建てると、歳首を改めて新暦を公布した。臣民は、すべてその暦に従った。臣従《しんじゅう》することを、正朔を奉ずるといい、正朔を奉ずる国は、中国の年号と暦を、自国でも使用した。

封貢

周辺諸国が、中国の正朔を奉ずるには、具体的に、次のようなことが行なわれた。服属国の君主は、中国の皇帝から、国王に任命する詔勅《しょうちょく》が授けられた。皇帝の言葉を冊《さく》といい、諸侯に任命すること、土地を与えることを封《ほう》というところから、皇帝から国王に任命されることを冊封《さくほう》という。沖縄方言はサッポーである。

皇帝が服属国の国王を任命したからといって、中国は決して、その国の主権を冒《おか》すことはしなかった。領土に侵入したり、政治や宗教に干渉したりすることはなかった。

一方、服属国は、中国皇帝へ、臣と称して方物《ほうぶつ》を貢《みつ》いだ。方物というのは、その国の産物のことであるが、琉球の場合、日本や東南アジアの産物も含まれていた。定められた期間（貢期《こうき》）に、定められたルート（貢道《こうどう》）によって、定められた方物を貢ぎ、皇帝の徳を讃え、長寿を祝う文書を呈上した。これを職貢《しょっこう》といい、職貢を謹んで務め、怠ることのないのを、その国の中国に対する忠誠とした。

皇帝は、方物に対して、賞として、国王に多くの精巧な絹織物などを授けた。朝貢《ちょうこう》の使者には、冠服や織物を与え、宴会をして、その労をねぎらった。朝貢使一行が携えてきた貨物は、高価で買い上げ、宿舎で市易《しえき》することも許された。賞が方物より、遥かに高価なものであったから、朝貢は、貿易として十分に成り立った。また、朝貢にともなう文化的交流は、周辺諸国の文化水準を高めた。

明《みん》と清《しん》の二つの帝国にとって、外交とは、このように礼そのものであった。行政を担当した六部のうち、外交を担当したのが、礼部《れいぶ》であったことからもわかるように、冊封といい、朝貢といい、すべて礼制《れいせい》に則《のっと》り、繰り返してゆくことこそ、必要とされた。明清両国にとって、琉球国《りゅうきゅうこく》は、つねに職貢を謹み務め、怠ることのない国であった。琉球国こそ、不叛《ふはん》の臣であり、守礼之邦《しゅれいのくに》であった。双方の関係を、冊封と朝貢を約《つづ》めて、封貢《ほうこう》という。

父の国と母の国

冊封も、その詔勅を伝達する冊封使も、これは宗主国側の行為である。職貢という、服属国側の行為と、有機的に関連させてこそ、琉球と中国の交流史が成立する。本書は、冊封使について、主として中国側の資料から、その歴史

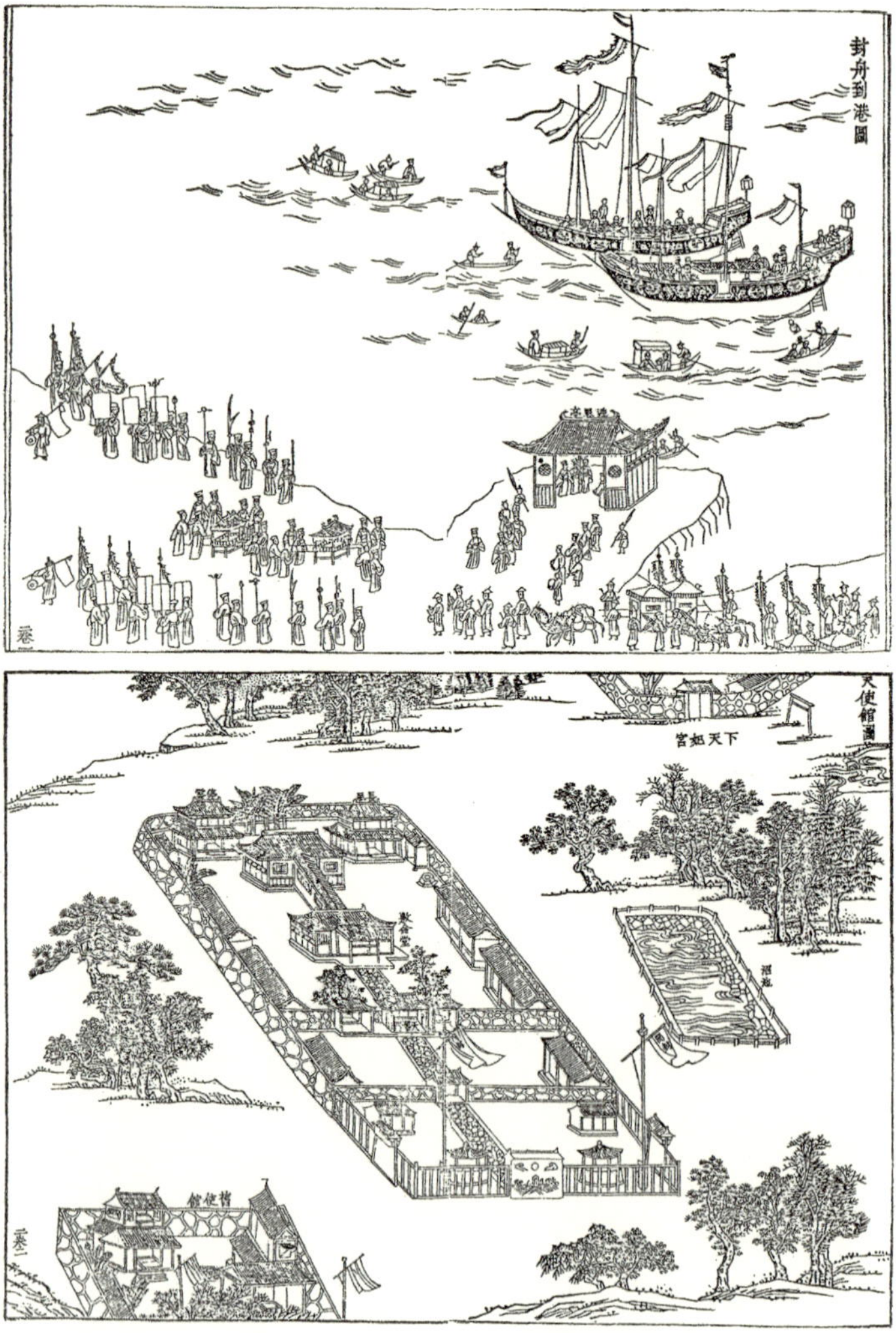

図1　徐葆光『中山伝信録』(1)

迎恩亭は那覇港の通堂町，天使館は西消防署付近にあった．

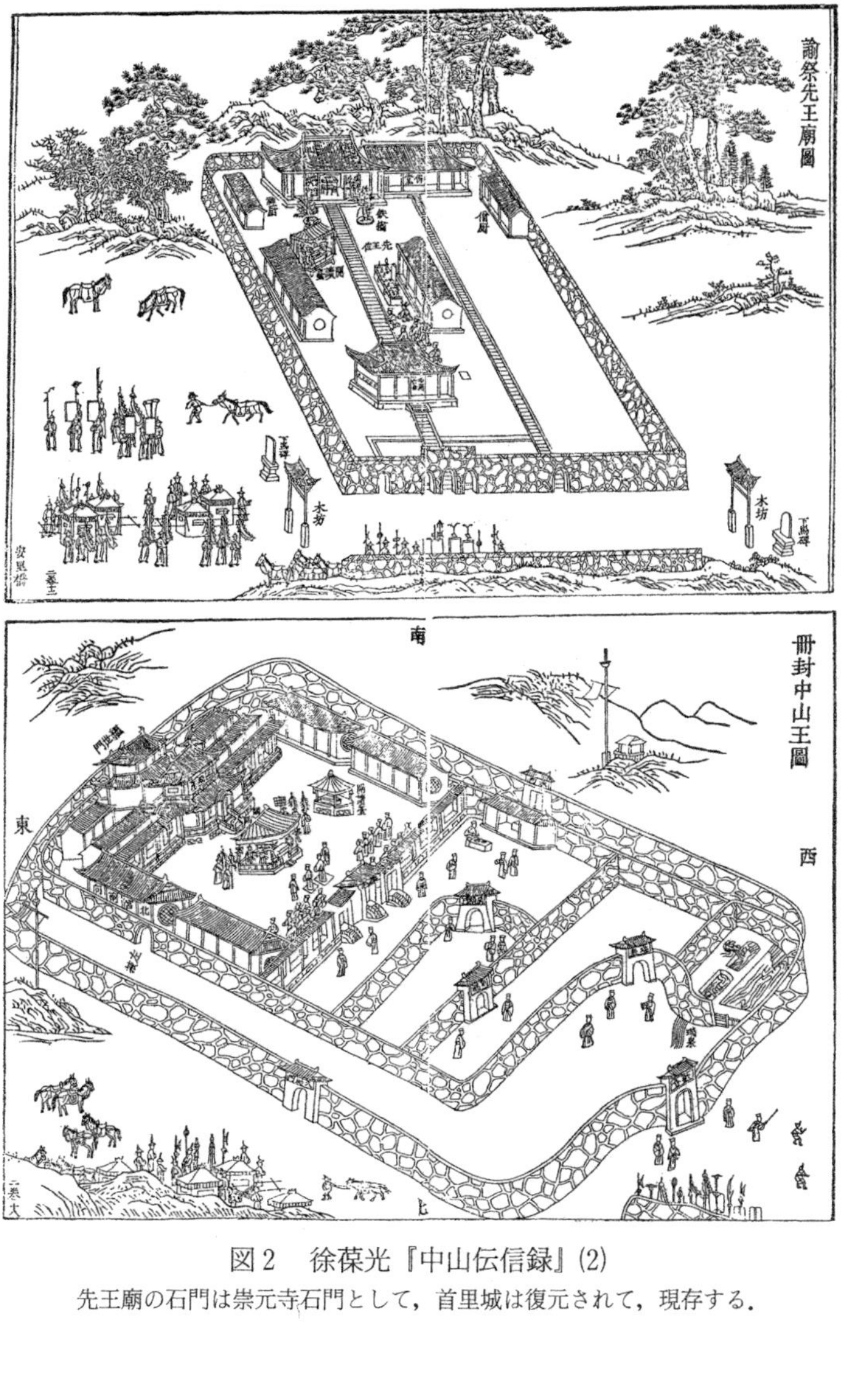

図２　徐葆光『中山伝信録』(2)

先王廟の石門は崇元寺石門として，首里城は復元されて，現存する．

をうかびあがらせることを目的とする。

朝貢の具体的な知識は、小葉田《こばた》淳《あつし》『中世南島通交貿易史の研究』（刀江書院、一九六八年）から得ていただきたい。野口鉄郎『中国と琉球』（開明書院、一九七七年）は、琉中交流史が簡潔に書かれており、本書の補完としての価値が大きい。

山南《さんなん》の冊封を除けば、明と清の両朝で、琉球へは二三回にわたって冊封使が往還した。そのように、中国と緊密に結ばれていた琉球に、突然、外国勢力が、泥足のままで侵入するという事件があった。

その第一回は、一六〇九年の薩摩勢による琉球侵略である。国王尚寧《しようねい》は捕虜になり、鹿児島に抑留され、さらに連行されて、駿府《すんぷ》で徳川家康と、江戸で秀忠と面謁《めんえつ》した。薩摩は、奄美《あまみ》諸島の行政権を、琉球国から略奪した。

第二回は、一八七二年から八〇年にわたる、日本の明治政府の、いわゆる琉球処分である。その決定的な場面は、やはり警官と軍隊の武力的威圧によって強行された。琉球国は琉球藩となり、解体されて沖縄県となった。国王は、藩王となり、華族に列せられ、人質として東京に居住させられた。この時、琉球の重臣たちは、

「中国は父の国、日本《やまと》は母の国として、これまで御奉公（封貢が本当であろう）をして参

りました。これからも、そのようにいたしたく存じます。」

と、歎願を繰り返したが、日本《やまと》の当事者は、聞く耳を持たなかった。

消去された冊封使

日本の領土となり、中国との国交も奪われた沖縄県は、しかし、本《やま》土人《とんちゅ》にとっては、日本の中の異国であった。沖縄からは、伊波普猷《いはふゆう》、内地《やまと》からは、柳田《やなぎた》国男や折口信夫《おりくちしのぶ》のような、日琉同祖論の学者が現われた。琉球独自の、健康で大らかな美しさをもつ工芸品を、日本の民芸として讃えた、柳宗悦《やなぎむねよし》らの民芸運動家もいた。しかし、これらの人々の論は、たとえ薩摩の手出し口出しを受けはしても、琉球が日本と対峙《たいじ》する主権国であり、国王が存在し、行政・裁判・外交を行なっていたことを、そして、琉球の考古学的資料も言語も文物も宗教も、日本の影響だけで成立したのではないことを、すべて無視し続けていた。

冊封と冊封使の史実そのものは、昔から琉球は日本のものであったとする、薩摩と明治政府の、いわば咽《のど》に突きささった骨となる。琉球の歴史そのものは、湮滅《いんめつ》政策の中でかすんでゆき、日本の立場で書かれた歴史から簡略化され、消去されていった。歴史の教科書からは、とっくに、冊封という言葉も、冊封使の存在も消されていた。「忘れられた冊封使」というよりも、「消し去られた冊封使」という方がよいかもしれない。

琉球国とは何であったのか、冊封使とは何であったのかを再認識することは、日本がアジアの中で何をしてきたか、を知るうえで、必要不可欠なことである。

天使になった人々

明朝の招諭

洪武建元

一三六八年、南京《ナンキン》応天府で皇帝に即位した朱元璋《しゅげんしょう》は、国号を大明《たいみん》、年号を洪武《こうぶ》と定めた。明の太祖《たいそ》である。洪武五年（一三七二）正月、太祖は行人《こうじん》（奉使担当、正九品）の楊載《ようさい》を琉球へ行かせ、入貢《にゅうこう》するように促《うなが》した。

朕《ちん》（天子の自称）は、臣民に推《お》されて皇帝となった。使者を外国へ派遣して、朕の意志を布告したところ、使者の行った国々は、臣と称して入貢した。琉球国は、遠く海外にあるので、まだ報知していなかった。使者を遣《つか》わして招諭《しょうゆ》する。おんみはこれを承知するように。

と、いうものであった。招諭というのは、詔《みことのり》をもたらして朝貢《ちょうこう》を促すことをいう。中国風の国交の勧誘である。

この年の十二月、琉球国中山王《ちゅうざん》の察度《さっと》は、弟の泰期《たいき》を遣わし、表《ひょう》（皇帝に呈上する文書）をささげ、臣と称して方物《ほうぶつ》を貢《みつ》いだ。臣と称する、ということは、呈上する文書に、自分のことを「臣某」とするだけのことである。「臣察度」と書いて持って行ったのである。太祖は、中山王の入貢を嘉《よみ》して、察度に大統暦《だいとうれき》（明一代の暦法）と多数の絹織物を授け、泰期にも冠服と絹織物を与えた。王弟とは単なる肩書で、読谷山《ゆんたんざ》の宇座《うざ》のタチヨモイに、泰期の漢字を当てた、とする説がある。これが、琉球が、中国と公的に国交を開いたはじめである。

琉球国はあったのか

そのころ、沖縄では、グシクとよぶ拠点に割拠した按司《あじ》が、離合集散を繰り返し、ようやく三つの大きい勢力を形成したばかりであった。浦添《うらそい》グシクを拠点とする中山《ちゅうざん》、島尻大里《しまじりおおさと》グシクや島添《しまぞえ》大里グシクを拠点とする山《さん》南《なん》、今帰仁《なきじん》グシクを拠点とする山北《さんほく》である。それぞれの王といっても、按司連合の代表にすぎず、その地位は流動的であった。そして、琉球国などという単一国家はなかった。

日本と南島との交流は、七世紀初頭から始まる。しかし、日本の史書からは、南島にリュウキュウといった島や国の名は見出せない。

中国の文献に琉球らしい国が現われるのは、『隋書《ずいしょ》』の流求国《りゅうきゅうこく》が最初である。「春秋のよく晴れた日に、東方に、もやもやしたものが見えます」という海軍の報告で、煬帝《ようだい》が軍人を派遣したのが、流求発見のきっかけであった。与那国島《よなぐに》から、年に数回、台湾が見えることがある。流求国は、中国本土から与那国―台湾ほどの距離にあるとみれば、それが沖縄であろうはずはない。沖縄は、中国から肉眼では絶対に見えない。沖縄は、流求国ではあり得ない。

『元史《げんし》』の瑠求《りゅうきゅう》にしても、台湾海峡の澎湖《ほうこ》諸島のあたりを船でうろうろして、「瑠求だ」「いや、そうではない」などと、他愛のないことを言ったにすぎない。まして、『唐書《とうじょ》』の流鬼《りゅうき》は、カムチャツカ半島のことで、話にならない。

しかし、南西諸島の各地からは、宋《そう》や元《げん》の陶磁器が出土する。中国の産物が、沖縄に来ていたことは疑いない。宋元時代は、商船による貿易は、比較的自由であった。中国当局は、港での商船と貨物の管理、課税、国による優先的買い上げ権の確保、といったことに注意していただけである。商人たちは、船の大型化と、羅針盤の使用とによって、広く各地と仲継貿易をした。アジア各地のこれらの仲継貿易の拠点には、貿易に従事する中国人が居住していた。沖縄でも、那覇浮島に中国人が住みつき、後に唐営とか唐栄といい、久米村《くにんだ》とよばれる地区を形成した。後々、久米村の住民は、「閩人《びんじん》三十六姓」とよばれるようになる。閩《びん》は、福建《ふっけん》省の古名である。洪武《こうぶ》・永楽《えいらく》年間（一三六八〜一四二四）に、明朝廷から琉球へ、三六の姓の人々を頒賜《はんし》された、というのであるが、そのこと自体、『明実録』にはない。だが、洪武・永楽年間に、琉球国へ海舟が頒賜された記録はある。この時、舟だけではなく、舟を操縦する乗組員ともども賜ったにちがいない。その福建の乗組員たちもまた、久米村に居住したのである。明初の久米村には、福建以外の中国人も多かったのである。

作られた琉球国

明の太祖は、洪武四年（一三七一）に海禁令を公布して、自由貿易を禁止した。それは、倭寇《わこう》対策としても必要であった。当然、貿易は、朝貢という形以外は許されなくなってしまった。貿易は、中国と朝貢国との国営事業に変ったのである。各地の交易拠点に住む中国人は、朝貢貿易を請け負うほかに、もはや活路はなかった。沖縄の按司たちにしても、支配する農民たちに、鉄器や陶磁器を安定供給しなければ、権力を保つことができない。

楊載《ようさい》が、なぜ琉球国への出使を、沖縄にしたのかは、まったくわからない。しかし、彼が沖縄に到着し、言葉が通ずる浮島の中国人たちと話しあい、中国の製品を必要とするめしたい。

「按司のまた按司」である察度《さつと》を、琉球国中山《ちゆうざん》王に仕立てあげたのではあるまいか。以上は、私の単なる臆測《おくそく》にすぎない。だが、この臆測が、私には最も自然ななりゆきのように感じられる。読者の方々も、自由に、琉球国成立の臆測に参加されることをおすすめしたい。

大琉球

太祖が在世した洪武年間（一三六八〜九八）に、明国と琉球国との国交の、おおよその骨組みができた。洪武二年（一三六九）に制定された『大明《だいみん》集礼《しゆうれい》』にもとづき、国交儀礼が粛々と執行され、それが繰り返された。琉球に対する太祖の意志は、『祖訓』として、明代を通じて尊重された。

洪武十三年（一三八〇）、山南《さんなん》王の承察度《しようさつと》（大里《うふさと》）が、使者を遣わして入貢した。太祖は、山南王に、大統暦と絹織物を授けて、入貢を賞した。

洪武十五年（一三八二）、中山王の使者の帰国を、太祖は宦官《かんがん》の路謙《ろけん》に、琉球まで送らせた。帰ってきた路謙は、「琉球では、三山の王が互いに争っており、人々は農耕もできず、弱り切っております」と報告した。太祖は、宦官の梁珉《りようみん》と路謙を琉球へ遣わし、中山王と山南王には鍍金《ときん》の銀印と絹織物を授け、三山の王に、互いに争うことをやめるように、との勅を伝達させた。

翌年には、勅を受けたのを機に、山北《さんほく》王の帕尼芝《はにし》（羽地《ぱにじ》）も入貢した。琉球国の三山の王すべてが、明朝に入貢したことになる。中国側が認識する限り、それまで琉球国は、一度も中国に入貢せず、武力をもってしても、決して従わなかった国であった。それが、太祖が招諭《しょうゆ》すると、打てば響くように入貢した。中国史上、最初に琉球を入貢させたのは太祖であり、それはひとえに太祖の徳と明国の威によるものである、と考えるのが中国人なのである。太祖にとって、琉球は、どこの国よりも、ひとしお印象深い国となった。「祖訓、朝貢不時」と『明会典《みんえてん》』に記されている。琉球国は、いつでも自由に、何度でも入貢できる国であった。

洪武二十五年（一三九二）、中山と山南から、中国の国子監《こくしかん》へ留学生が派遣された。国子監は、首都に建てられた帝王の大学である。万里の波濤をこえて中国へ学びに来た、という具体的な琉球の帰服の誠意は、このうえもなく太祖を喜ばせた。太祖は、琉球の生員《せいいん》に、十分な待遇をするように指示した。琉球生たちが学んだことは、宮中や官庁での儀礼に習熟することと、中国の文書を正しく理解し、中国への文書を立派に美しく書くことであった。明清両朝を通じて、最も長期にわたって留学生を送り続けたのが琉球国であった。明代は南京国子監、清代は北京の国子監で、琉球官生は手厚い待遇をうけて留学した。

晩年の太祖が、礼部《れいぶ》（儀礼・外交・国家試験担当）の臣に、しみじみとこう語った。

「安南・占城《チャンパ》・真臘《しんろう》・大琉球だけは、入貢を始めてから今日まで、ずっと職貢を継続している。大琉球は、王とその重臣たちは、すべて子弟をよこして、わが中国で学問を受けさせている。」

大琉球というのは、琉球国のことで、小琉球は台湾をいう。太祖にとって、琉球国は親愛なる大国であった。

靖難の変

洪武三十一年（一三九八）、太祖が崩《ほう》（天子の死）ずると、死んだ皇太子の次男が、十六歳で太祖のあとを嗣ぎ、建文《けんぶん》（一三九九～一四〇二）と建元した。恵帝《けいてい》である。側近の進言をいれ、恵帝は、今の北京にいた太祖の第四子の燕王の兵力を削減しようとした。燕王は、君側《くんそく》の奸《かん》を除くと称して、靖難《せいなん》の軍を進めた。靖難とは、国の危難を平定することをいう。明の首都の金陵は陥落し、帝の行方は不明となった。

燕王は、明の皇帝に即位し、永楽《えいらく》と建元した。成祖《せいそ》である。成祖は、首都を北京に移し、金陵を南京と改称した。

成祖即位の詔は、朝貢国に伝達された。永楽元年（一四〇三）の二月から三月にかけて、琉球三山の慶賀使が、それぞれ北京に到着した。八月に、成祖は、返礼の使者を琉球へ遣わし、それぞれの王に、絹織物を贈った。琉球への使臣は、行人《こうじん》の辺信《へんしん》と劉亢《りゆうこう》であった。

行人時中

永楽二年（一四〇四）二月、察度の死の報告が成祖にとどいた。告訃《こくふ》という。そして、世子《せいし》（諸侯の後継者）の武寧《ぶねい》を、中山王に冊封《さくほう》されんことを願い出た。請封《せいほう》という。成祖は、礼部に命じて、察度を諭祭《ゆさい》（使者を遣わして行なう祭）する使を琉球へ遣わした。また、武寧を冊封する使臣を派遣した。

察度の諭祭使も、武寧の冊封使も、その名はわからない。ところが、これまでの（いや、これからも）琉球史では、行人の時中《じちゆう》が、察度を諭祭し、武寧を冊封したことになっている。『明実録』の永楽三年（一四〇五）十月に、

四川布政司（一省の行政担当）の右参議（従四品）の時中の官を、もとにもどした。時中は、罪により、辺境警備に流されるところを、上書して、過《あやま》ちを改める機を与えられるよう乞うた。命じて行人（正八品）とし、琉球に出使させ、帰還した。そこで、もとの職にもどした。

とある。汪楫《おうしゆう》が『中山沿革志《ちゆうざんえんかくし》』（一六八四年、自序）で、この記録と武寧の冊封とを、短絡的に結びつけてしまった。この時、琉球へは、察度の諭祭使、武寧の冊封使、山南の汪《おう》応祖《おうそ》の冊封使、山南王への冠帯の頒賜《はんし》使と、四人の使臣が派遣された。時中が、そのうち

の一人であったことは確かだが、何のための使臣であったかはわからない。
だが、時中のこの話は、私たちに、そのころ、中国の官員が琉球へ遣わされることが、どれだけ苛酷《かこく》なことであったかを、如実に物語っているのではなかろうか。

最初の冊封の詔

誰がもたらしたかわからないが、武寧の前で宣読《せんどく》された詔《みことのり》だけは、琉球最初のものなので、ここに掲げておく。冊封の詔勅が開読された時点で、それまでの世子が、王に変る。琉球国内で、王が死に、世子が王位について王と称していても、中国に対しては、決して王と称することはない。世子として告訃し、請封し、冊封の詔勅が宣読された時、はじめて王となる。本書で、即位という言葉は、琉球国内の場合は、あくまで対中国のことではないと理解していただきたい。詔書は次のとおり。

聖王の政治は、万国を協和させ、継承の道は、常典に従うものである。今はなき琉球国中山王の察度は、なき父の太祖高皇帝の勅命《ちょくめい》をうけ、国の東の守りとなり、よく臣節を尽した。朕《ちん》の即位に及んでも、率先して心から臣服を誓った。今や、すでに亡《な》い。おんみ武寧は、その世子である。特におんみを封じて、琉球国中山王とし、その世代を継がせる。ひたすらつつましくして身を修め、敬いぶかく徳を養い、忠誠を尽して上につかえ、情深くして下をいつくしみ、よくこの道に従って海邦の鎮めとなれ。

永く王位を保つがよい。つつしめよや。

米軍政下の沖縄が本土復帰して、国民体育大会を主催した時、「海邦国体」と命名した。海邦という言葉が、六〇〇年前からの中国のよびかけの言葉であり、沖縄の人々が、この言葉をどれだけ大事に伝えてきたかを、本土《やまと》のどれだけの人がわかっていたろうか。

永楽二年（一四〇四）四月、成祖は、山南王の承察度の従弟《いとこ》の汪応祖の冊封使を派遣した。その十一月、琉球へ出使していた辺信と劉亢《りゅうこう》が帰任した。議叙《ぎじょ》（論功行賞）されて、辺信は湖広道監察御史《ぎょし》（正七品）を、劉亢は工科給事中《きゅうじちゅう》（従七品）を授けられた。

第一尚氏王統

王統改変

永楽五年（一四〇七）四月、中山王世子《ちゅうざんおうせいし》の思紹《ししょう》は、使を遣わし、父の武寧《ぶねい》の告訃《こくふ》をし、請封《せいほう》した。成祖は、礼部《れいぶ》に命じて、諭祭《ゆさい》の使臣と冊封《さくほう》の使臣《ししん》を派遣せしめた。

中国には「河山帯礪《かさんたいれい》」という言葉がある。たとえ黄河が帯のように細くなろうとも、泰《たい》山《ざん》が砥石《といし》のように平らになろうとも、今、ここに冊封する者の祭りを継続させる、という誓いなのである。祖先の祭祀を断絶させないということは、一つの家系が、世子や世孫にうけつがれてゆくことなのである。

中国側の文書でみる限り、実は、舜天《しゅんてん》から最後の中山王の尚泰《しょうたい》まで、一つの王統なの

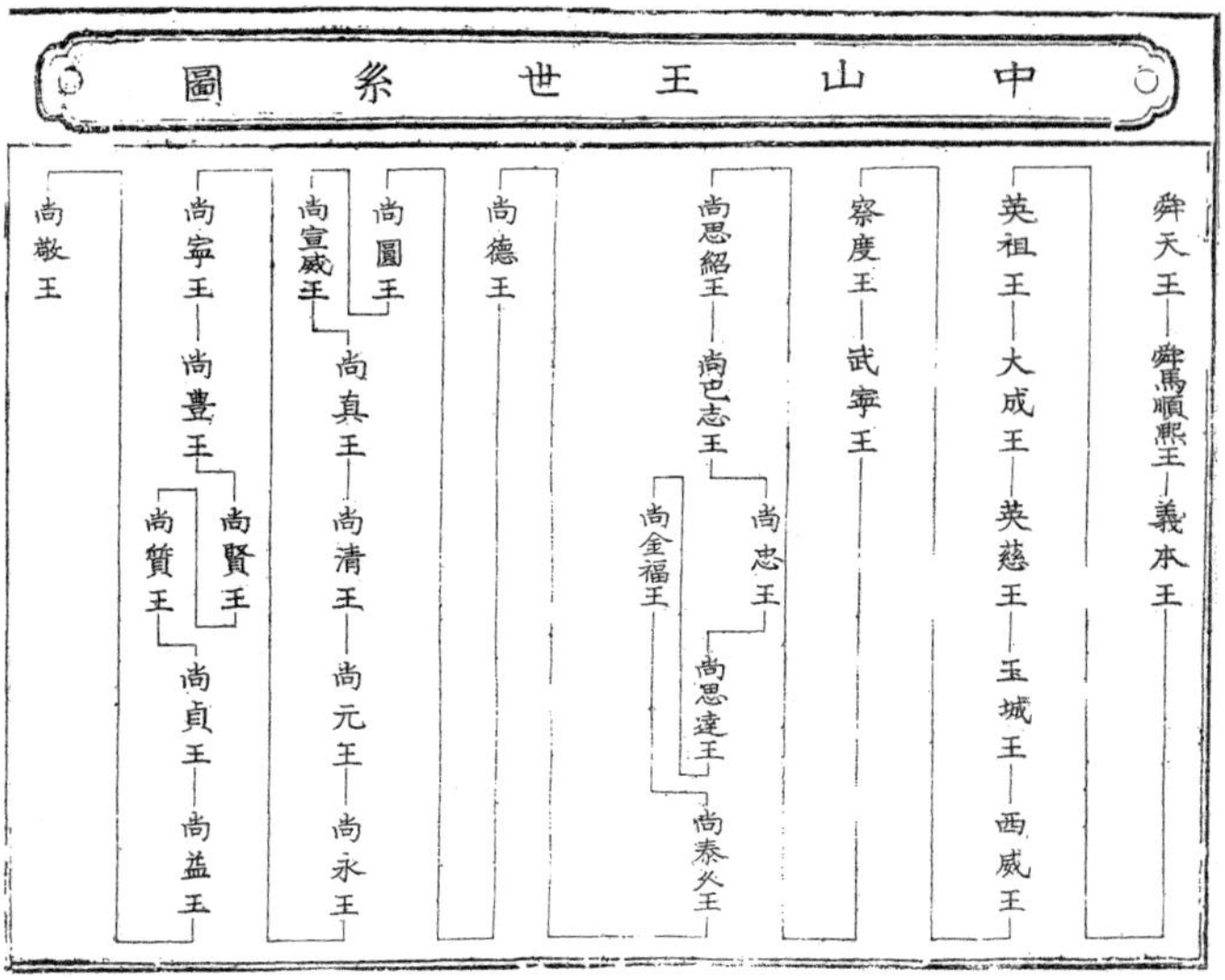

図3　蔡鐸本『中山世譜』

対外的にはこのように万世一系にしてある．これらの王のうち，舜天・英祖・察度・思紹・尚円が各王統の始祖でその時に王統が変っている．

である。見事に、河山帯礪の中国側の誓いは成就《じょうじゅ》されている。

だが、実際は察度―武寧の二代で、察度王統は絶え、第一尚氏《しょうし》王統に変った。次にその系図をあげる。ゴシック体は王位についた者、数字は継代の順位である。

思紹[1]――**尚巴志**[2]――┬**尚忠**[3]――**尚思達**[4]
　　　　　　　　　　　├**尚金福**[5]――志魯
　　　　　　　　　　　├布里
　　　　　　　　　　　└**尚泰久**[6]――**尚徳**[7]

思紹は、佐敷《さしき》あたりで有力者となり、息子の尚巴志《しょうはし》は、佐敷按司になった。父子は、武寧を浦添《うらそい》グシクに攻めて滅ぼした。思紹は、武寧の世子を名乗り、中山王となった。単なる臆測でしかないが、唐営の中国の人々が、武寧に見切りをつけて、思紹父子に乗り換えたのではあるまいか。政変の裏に、懐機・程復・王茂といった中国出身者の名が見えかくれする。思紹は、すぐに、これら唐営人の議叙（論功行賞）を、成祖に請うている。

佐敷小按司

尚巴志《しょうはし》と、慣例に従ってルビをつけたが、こんな名が沖縄にあろうはずはない。東恩納寛惇《ひがしおんなかんじゅん》は、尚巴志は、佐敷小按司《さしきこあじ》のコハチまたはコハチモイだとしている。コハチモイには、郭伯慈毎と、きちんと漢字が当てられている例がある。尚巴志がコハチモイであるはずはない。尚巴志の中国音と、『おもろさうし』の人名のサバチが一致する。尚巴志は、サバチという人名に当てた漢字である。中国人は、この尚巴志を、尚が姓、巴志が名と理解した。尚巴志以後、すべて名の上に尚をつけて姓とした。チョ・ヂュは尚忠、シュタルゥは尚思達、シブは尚金福、サタチュウは尚泰久という風にである。遡って、思紹にまで、尚思紹と尚をかぶせた。思紹は、オモロ人名のシチャチャのシチャであろう。

尚巴志冊封

永楽十三年（一四一五）三月、山南王《さんなんおう》汪応祖《おうおうそ》の世子の他魯毎《たるみい》が請封した。伯父の達勃期《たふち》が、父の汪応祖《やいす》を殺し、按司達は達勃期を攻め滅ぼし、他魯毎を国事代行にした、というものである。汪楫《おうしゅう》はすでに早く（一六八四年）、達勃期を攻めたのは、実は尚巴志で、他魯毎は尚巴志の子ではないか、と推測している。

同年四月、山北王《さんほくおう》の攀安知《ぱにじ》が入貢した。これが山北王の最後の入貢であった。五月、成祖は、行人《こうじん》の陳季芳《ちんきほう》を遣わして、他魯毎を山南王に封じた。

永楽二十二年（一四二四）二月、中山王思紹の告訃《こくふ》があった。その四月、成祖は皇太子に国事を委《ゆだ》ね、五度目のモンゴリア遠征に出陣した。七月、成祖はその帰途で、病気により崩じた。八月、皇太子が即位し、洪熙《こうき》と建元した。仁宗《じんそう》である。

洪熙元年（一四二五）六月、仁宗の使臣が、続々と琉球に着いた。思紹の諭祭使の行人の周彝《しゆうい》、尚巴志の冊封使《さくほうし》の宦官《かんがん》の柴山《さいさん》、成祖の崩御《ほうぎよ》を報ずる勅諭《ちよくゆ》を伝達する行人の陳資茂《ちんしも》、仁宗の即位を報ずる詔書を伝達する礼部郎中（正五品）の潭雲《しようううん》と、通政使司参議（正五品）の游学《ゆうがく》である。

洪熙元年二月一日に発令された中国の使臣が、同年六月二十七日に冊封礼を挙行した。したがって、思紹の諭祭は、それより早い日付になる。明代の冊封琉球使録に比べて、琉球への到達が甚だ速い。ありあわせの、しかるべき海舟に乗って渡航しなければ、こんなに速くは渡琉できない。この冊封の時、柴山が「中山」の額を持ってきて、中山門にかけさせたと、琉球では伝承されている。中山門は、守礼門《しゆれいもん》と同型同大の牌坊《はいぼう》であったが、明治時代に撤去された。

尚巴志は、来琉した使臣それぞれに応じて、進香使と慶賀使、論祭と冊封の謝恩使を派遣した。皇帝の崩御《ほうぎよ》と即位というドサクサにまぎれたのか、この冊封礼の時は、それまで頒賜《はんし》されていた皮弁冠服と常服のうち、常服しか頒賜されなかった。尚巴志は、皮弁冠服の頒賜を仁宗に請うた。

在位八ヵ月で仁宗が崩じ、その子の宣宗《せんそう》が即位した。皮弁冠服頒賜の申請は、宣徳《せんとく》元年（一四二六）六月に届いた。再び柴山を遣わして、皮弁冠服を授けた。柴山はその後も、宦官の阮漸《げんぜん》と共に、宣徳三年（一四二八）と宣徳七年（一四三二）に渡琉した。屏風・生《き》漆《うるし》・砥石《といし》の買い付けや、日本への伝諭が目的であった。

尚巴志薨ず

宣徳四年（一四二九）十月、山南王の他魯毎が入貢した。これが、山南王の最後の入貢であった。蔡温《さいおん》が『中山世譜《ちゅうざんせいふ》』で、尚巴志が永楽十四年（一四一六）に山北を、宣徳四年に山南を滅ぼして、三山が統一された、と書き、『球陽《きゅうよう》』がそれに倣《なら》ったため、今でもそんな風に書いている琉球史の本が多い。しかし、汪楫の『中山沿革志』を見た蔡温が、山北と山南の最後の朝貢の年から臆測して、『世譜』にそう書いただけのことで、山北と山南の滅亡の日付は不明である。

宣宗が三十八歳で崩じ、わずか九歳の英宗が即位した。正統《せいとう》七年（一四四二）正月、『明実録』に、

己丑《きちゆう》（二十七日）。琉球国中山王の尚巴志が薨《こう》じた。その子の尚忠《しょうちゅう》は、長史《ちょうし》の梁求保《りょうきゅうほ》らを遣わして来朝し、馬および方物《ほうぶつ》を貢《みつ》ぎ、嗣位《しい》を乞《こ》うた。

と、記している。

思紹までは、琉球国三山の王の死は「卒《しゅっ》」と書かれていた。尚巴志になって「薨《こう》」に改められた。中国では、天子の死を「崩」、諸侯の死を「薨」、大夫の死を「卒」という。『唐書《とうじょ》』では、二品以上が薨、五品以上が卒、六品から庶人までが死である。琉球国中山王は、武二品にランクづけされている、というのが琉球史の常識であるが、武二品のランクづけは、実は尚巴志から始まったのではあるまいか。三山統一により、それまでとは、何かが変ったのである。それまで、先王の諭祭使と、世子の冊封使とが、別人であったのが、尚忠の冊封からは、明朝廷は正使と副使の二人を派遣し、先王の諭祭と世子の冊封とを、正副使で挙行させるようになった。

給事中と行人

正統七年（一四四二）三月、英宗は、礼科給事中《れいかきゅうじちゅう》（従七品）の余忭《よべん》を正使に、行人《こうじん》（正八品）の劉遜《りゅうそん》を副使に命じ、尚巴志の諭祭と、尚忠の冊封を挙行させた。これ以後、明代は、琉球国への冊封使は、正使は六科の給事中、副使は行人司《こうじんし》の行人の派遣が原則となる。

給事とか給侍は、貴人の側に仕えることをいう。秦漢時代は加官で、殿中の奏事を担当し、常に宮中で天子の左右に侍《じ》したので給事中といった。晋《しん》以後は正官になり、隋唐以後は門下省に属し、勅を作り、誤りを正す大事を担当した。元以後は、門下省はなくなったが、給事中は残った。明では、行政担当の六部に対応して、吏・戸・礼・兵・刑・工の六科に分け、各科に都給事中（正七品）一人、左右の給事中（従七品）各一人をおき、各科に一〇人から四人の給事中（従七品）を設けた。皇帝に侍従して、その誤りを正し、至らぬところを補い、六部などの行政機関を観察して、非違があれば弾劾《だんがい》した。そして、「宗室や諸藩を冊封するとき、或《ある》いは、外国に勅諭するときは、正副使に充《あ》てる」と規定されていた。

行人司は奉使専任で、明初、行人（正六品）と左右の行人（従九品）が置かれたが、行人が司正、左右の行人が司副に改められ、次いで、司正（正七品）、左右司副（従七品）および行人（正八品）三四五人を置いた。「およそ、文武の重臣を遣わし、各王府へ行って、節《せつ》（勅使の象徴として与えられる標識）を奉持し、冊封礼を行なうときは、本司の官を、例として副使に充《あ》てる」と規定されている。

首里城が整備されたのは、「安国山樹華木記碑」（一四二七年）ができたころと考えられている。尚忠の冊封礼は、首里城正殿で、粛々と挙行されたのであろう。

余忭と劉遜は、正統九年（一四四四）に帰任した。琉球では、例として幾度か宴会が催され、そのたびに宴金とよぶ金や、引出物が冊封使たちに贈られる。餞別宴《せんべつ》では、餞別金が差し出される。これらの金品を受け取ると、皇帝の職務の遂行《すいこう》によって、個人的に利得を得たこととなり処罰される。金は却《しりぞ》け、扇子か布くらいの、印《しるし》程度のものを受けるくらいにしておかないと、いけないのである。やむなく受け取れば、帰任した時、事情を記した文書とともに金品を皇帝に差し出し、その処分は皇帝の判断をあおがねばならない。たいていは、本人に受け取らせるように、との聖旨が下る。余忭と劉遜は、黄金・沈香《じんこう》・扇子を受け取り、報告しなかった。このため、官員を取り調べる錦衣衛《きんいえい》の獄に入れられ、取調べを受けた。英宗は、「杖刑《じょうけい》（杖で打つ刑）だけで赦《ゆる》すよう」と命じた。

尚思達冊封

正統十二年（一四四七）二月、中山王世子の尚思達《しょうしたつ》は、父の尚忠の告訃をし、請封した。三月、英宗は、刑科給事中の陳傅《ちんふ》と、行人の万祥《ばんしょう》を遣わした。

正統十四年（一四四九）三月、尚思達の使者が入貢している。謝恩使のはずなのだが、『明実録』には、正副使の帰任の記述はない。あるのは、同年五月の次のような記述である。

刑科給事中の陳傅を流罪にし、大同の辺境警備につかせた。傅は、命を奉じて琉球に使いし、途中、（福建の）彼の家を通り、ひきのばして行かなかった。礼科都給事中が弾劾し、英宗は、帰任を待って処置せよ、と命じた。帰還したので、錦衣衛に入れて取り調べた。大理寺《だいりじ》（刑獄担当）は、贖罪金《しょくざいきん》を支払わせ、官位を剝奪《はくだつ》して、平民とするよう奏上した。英宗は、大同の威遠衛に流して、警備の任につかせるよう命じた。

尚金福冊封

正統十四年（一四四九）七月、モンゴリアの也先《エセン》が明国へ侵入し、明軍は敗退を重ねた。宦官の王振に唆《そその》かされて、英宗は親征したが、近衛軍は全滅し、王振は死に、英宗は捕虜になった。

兵部（軍事担当）侍郎（次官、正三品）の于謙《うけん》は、英宗の弟を即位させた。景帝《けいてい》である。そして、英宗の子を皇太子に立てて、援軍を召集し、北京を死守した。英宗を連れて北京を包囲した也先の軍は、撃退された。也先は、英宗を伴って引きあげ、一年後には和議を結んで、英宗を北京に送り届けた。

景泰《けいたい》二年（一四五一）七月、景帝は、吏科左給事中の喬毅《きょうき》と、行人の董守宏《とうしゅこう》を遣わして、先王の尚思達を諭祭し、叔父の尚金福《しょうきんぷく》を中山王に封じた。尚金福が、世子《せいし》として請封《せいほう》したか、王叔《おうしゅく》として請封したかは、注目されるところだが、告訃と請封の記録は、『明実録』にない。正使を陳謨《ちんぼ》とする説がある。官員の親が死ぬと、官員は生家で二七ヵ月間、服喪する。他の官員がその代理をつとめるのを、丁憂交替《ていゆうこうたい》という。この時、喬毅の丁憂交替で、陳謨が出使したのかもしれない。副使の姓を『実録』は童としている。『実録』には、結構、誤字があるので、どちらが正しいかはわからない。丁憂交替の記録も、『実録』でぬけていることが少なくない。

喬毅は、山西省太原楽平の人。字《あざな》（よび名）は去弘。正統の進士《しんし》。翰林院《かんりんいん》庶吉士から吏科給事中になった。大理寺左少卿《さしょうけい》（正四品）・工部左侍郎（正三品）を歴任した。

この冊封に先立ち、国相の懐機《かいき》が、那覇浮島と泊《とまり》との間に、海中道路を造った、といわれる。道教に帰依《きえ》していた懐機が、この時、天照大御神に願をかけた。奇跡的に潮が引き、官民挙げて土砂を運んで、完成した。懐機は自宅を喜捨《きしゃ》して長寿寺を開き、そこに天照大御神を祀った。いわゆるお伊勢の寺《ういしいぬていら》である。海中道路を浮道《うきみち》といい、中国人は長虹隄《ちょうこうてい》とよんだ。浮道は、それまで冊封のたびに、船を並べて係留し、その上に板を渡した、いわゆる船橋を、浮道とよんでいた名残りであろう。これ以後、那覇の天使館から、長虹隄を通って、冊封使は論祭と冊封の式場へ行けるようになった。天使館とは、冊封使滞琉中の公館である。天子の使者を天使という。京都の東本願寺の近くに、天使突抜通《てんしつきぬけどおり》がある。足利将軍を日本国王に冊封するための明の冊封使の通った道ということでもあろうか。

賜印溶解

景泰五年（一四五四）二月、琉球国国事代行の王弟尚泰久《しょうたいきゅう》が、使を遣わして奏上した。

長兄の国王の金福が薨じました。次兄の布里《ふり》と、甥《おい》の志魯《しる》が即位を争い、府庫を焼き、二人とも傷ついて死去いたしました。わが国の臣民は、臣泰久を推挙して、国事を代行させております。どうか、府庫消失によって溶解した賜印を改鋳して、わが国を鎮《しず》めさせせますように。

景帝は、「琉球国中山王之印」を新鋳させて、これを朝貢使に持たせて帰らせた。この時、「琉球国王之印」と改鋳されんことを請えば、そうなったことであろう。清代は、印は「琉球国王之印」、詔勅は「琉球国中山王」であった。

景泰六年（一四五五）四月、給事中の厳誠《げんせい》が正使に、行人の劉倹《りゅうけん》が副使に任命され、往かしめられた。恐らく厳誠の丁憂交替のためと思われるが、琉球に冊封正使として到着したのは、右給事中の李秉彝《りへいい》であった。正使交替の経緯は、『実録』にはない。それにしても、副使の親は全然死なず、正使の親ばかりが、次々に都合よく身まかるものではある。

尚泰久の謝恩使が、明朝廷に着いたのは、天順《てんじゅん》元年（一四五七）二月であった。この年、景帝の病気を機に、英宗が復位した。

尚徳冊封

天順六年（一四六二）三月、中山王世子の尚徳《しょうとく》が、使者を遣わしている。恐らく告訃・請封の使者であろうが、『実録』では、はっきりしない。同年四月、吏科右給事中の潘栄《はんえい》と、行人の蔡哲《さいてつ》が正副使に任ぜられ、往かしめられた。正副使の一行は、天順七年（一四六三）七月十三日に那覇港に入った。

潘栄は、福建龍渓の人。字は尊用。正統の進士。帰任して、都給事中から南京太常寺卿（従三品）となり、南京戸部（財務担当）尚書（長官、正二品）に至った。太子太保（従一品）が追贈された。潘栄の「中山八景記」が、郭汝霖使録に収録されている。

第二尚氏王統始まる

王統変更　天順《てんじゅん》八年（一四六四）、英宗が崩じ、長子の憲宗が即位し、成化《せいか》と建元した。

成化七年（一四七一）三月、中山王世子《ちゅうざんおうせいし》の尚円《しょうえん》は、使者を遣わして、父尚徳の告訃《こくふ》をし、請封《せいほう》した。尚徳は、若くて聡明で、実行力に富む王であった。多分、貿易担当の金丸《かなまる》（尚円）や、朝貢《ちょうこう》担当の久米村《くにんだ》の人々の役得に、制限を加えたため、クーデターによって倒されたものと思われる。その後の久米村人の、尚円を完全に無視した、やりたい放題の行動を考えると、私の推測は、的外れだとはいえまい。

二十九歳の王の世子が、五十六歳であっても、中国は、至極大らかに、書式に不備さえなければ、請封は受理され、容認された。

王統が変ったので、第二尚氏の系図をかかげる。第一尚氏王統は、童名《わらびなあ》の上に尚を冠しているが、第二尚氏は、金丸《かなまる》を尚円として以来、尚の下には徳目の一字を用い、童名《わらびなあ》を別に記録するようになる。琉球国内で王に即位した者をゴシック体であげ、その順位を数字で表わした。請封するまでに、退位した者、死去した者がある。

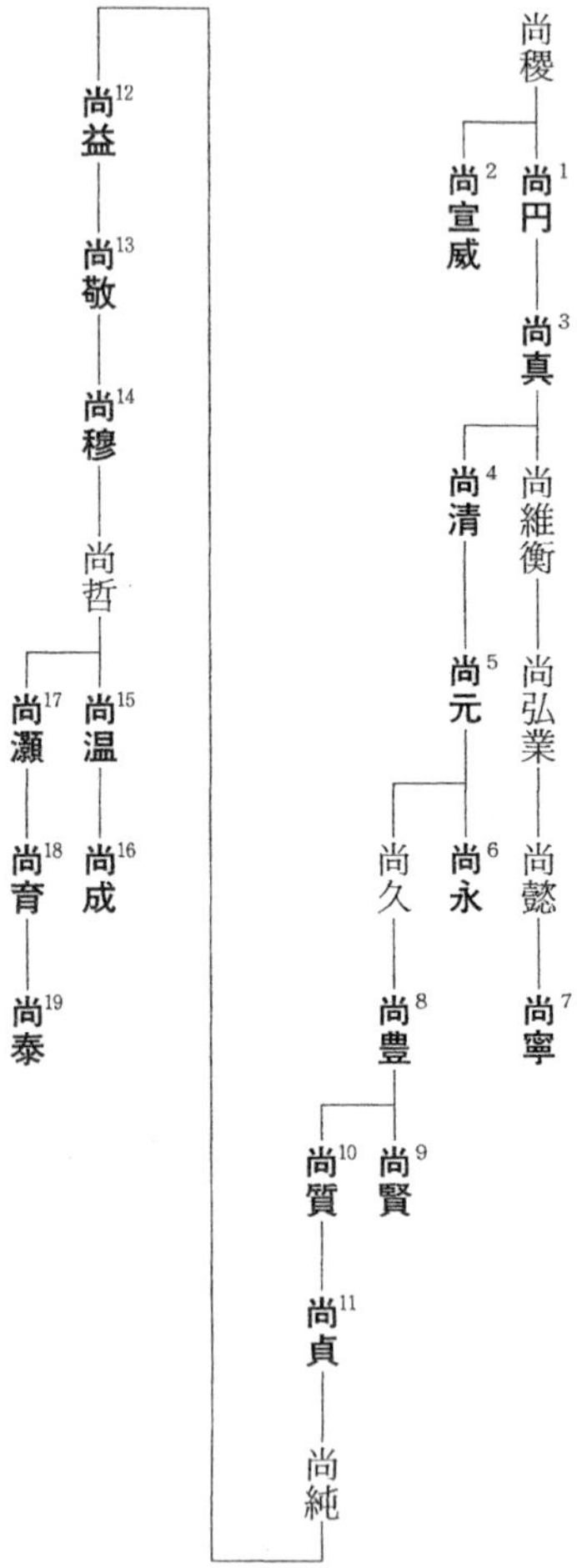

成化七年（一四七一）三月、ただちに都給事中の丘弘《きゅうこう》を正使、行人の韓文《かんぶん》を副使として往かしめられた。

丘弘は上杭の人で、字は寛叔。天順の進士。戸科給事中から都給事中になり、出使した。途中、山東で病没した。言官として、言うべきことをはっきりと言った人で、同じ給事中の毛弘とともに、二弘と称された。憲宗のお気に入りに万貴妃がいた。屠宗順《とそうじゅん》といった連中が、日に日に珍しい宝石を万貴妃に献じ、それに対し、おびただしい内帑金《ないどきん》が与えられ、それによって官を得るものまでも現われた。丘弘は、宗順を罰し、内帑金を返還させるように上疏《じょうそ》した。刑部（法務担当）尚書（正二品）も、宗順を処分し、罰金で貧民を救護することを申請した。しかし、憲宗はこれを許さなかった。丘弘の琉球への出使も、故《ゆえ》なしとはしない。

丘弘の後任は、兵科給事中の官栄《かんえい》である。官栄を管栄と書く本があるが、誤りである。正副使は、成化八年（一四七二）七月四日に、随員とともに、封舟《ほうしゅう》一隻で、那覇港に到着した。尚徳の諭祭《ゆさい》は、首里の天界寺で挙式されたと、私は考えている。

成化九年（一四七三）四月、謝恩使の王舅《おうきゅう》の武実《うし》が入貢した。王舅とは、臨時の出使の役で、首里の名族が任ぜられた。この時の謝恩の表に、「詔勅《しょうちょく》を請留《せいりゅう》して許された」という声明がある。詔勅は、普通、開読がすむと、冊封使が持って帰り、内閣に返納する。「伝国の宝といたしたいので、この国にお留《とど》めください」と国王が請うたときは、それを許してもよいことになっている。これを請留といい、請留が許されると、謝恩の表に声明する。

尚真冊封

成化十四年（一四七八）四月、中山王世子の尚真《しょうしん》が、使を遣わして、尚円の告訃をし、請封した。尚円は、成化十二年（一四七六）に六十二歳で薨《こう》じた。尚円が五十歳の時に生まれた尚真がまだ幼少であるため、尚円の弟の尚宣威《しょうせんい》が王位についた。王の即位ののち、キミテズリという神事がある。キミマモノの神が、神女にのりうつって、国王就任を祝福するのである。尚宣威の時は、神女は王に背を向け、幼ない尚真に向って神歌《おもろ》を歌った。尚宣威は、神の意志を悟り、即位六ヵ月にして、越来《ごえく》に隠退した。尚真の母のオギヤカと神女とが企んだことだが、神の力が絶対の時代であった。尚真が即位し、生母が後見した。琉球の歴史を書く史臣は、この政権交替について、尚円を周の武王、尚宣威を周公旦《しゅうこうたん》、尚真を周の成王になぞらえようと懸命であった。懸命であればあるだけ、空々しい虚構が浮びあがってくる。

成化十四年（一四七八）三月、憲宗は、兵科給事中の董旻《とうびん》を正使に、行人司の右司副

（従七品）の張祥《ちょうしょう》を副使に任命した。琉球ではこの時、「忠順可嘉」（忠順嘉《よみ》すべし）の額が勅賜《ちょくし》された、と伝承している。この額は、平素、首里城南殿にかけていて、冊封使が来城するときだけ、北殿にかけた。

成化十六年（一四八〇）三月、正副使は帰任した。尚真が餞別《せんべつ》にと贈った金を受け取り、それを「謝恩使に持って帰らせるか、官庁へ送って、公用に使用せしめられたく」の書状とともに、正副使が憲宗に差し出した。聖旨により、二人にその黄金を受け取らしめた。

十三歳で即位した尚真は、五〇年間在位して、嘉靖《かせい》五年（一五二六）に薨《こう》じた。

新天子神聖

中国では、憲宗が成化二十三年（一四八七）に崩じた。その子の孝宗が十八歳で即位し、弘治《こうち》の善政を一八年間敷き、平和であった。次の武宗の正徳《せいとく》の一八年間は、頽廃《たいはい》をきわめ、劉瑾《りゅうきん》ら宦官《かんがん》が、したい放題をして、地方は乱れに乱れた。後継者のなかった武宗のあとを、孝宗の弟の興献王の長子が、十五歳で即位した。世宗《せいそう》である。嘉靖と建元した。世宗は、前代の悪政を一掃した。人々は「新天子神聖」とよび、世宗に希望を託した。しかし、自分の父の贈り名にこだわった世宗は、左右の臣と論争を始めた。皇帝に逆らっても、正論を述べようとする硬骨の臣を、次々と側近から追放し続けた。いわゆる「大礼の儀」である。以来、世宗は、典礼にのめりこみ、典礼狂いになって暴走した。永楽帝の太宗《たいそう》という廟号《びょうごう》を成祖に変えたのも、この典礼狂いの世宗であった。

尚清請封

嘉靖六年（一五二七）、中山王世子の尚清《しょうせい》は、請封の使者の鄭縄《ていじょう》を遣わしたが、使者は海難により死んだ。嘉靖九年（一五三〇）三月、尚清は、再び使者の蔡瀚《さいかん》を遣わして請封した。そのことを協議した礼部は、琉球の長史司《ちょうしし》に事実を再調査させた。

尚真と正妃との間に、尚維衡《しょういこう》という嫡出《ちゃくしゅつ》の長子がありながら、尚真と夫人との間に生まれた庶出《しょしゅつ》の五男の尚清が、どうして王位を継承するのか、ということであった。二十九歳の尚徳の世子が、五十六歳の尚円であっても、すんなり冊封が行なわれた明朝廷であったが、大礼の儀が吹き荒れたのちの礼部は、そうはすんなりと冊封を許しはしなかった。だが、尚清が尚真の庶出の五男であることを、どうして礼部が知り得たのであろうか。

嘉靖十一年（一五三二）四月、また尚清は請封の使者の金良《きんりょう》を遣わした。金良は、琉球国臣民一同の結状《けつじょう》（保証書）を呈出した。「臣民一同、以前より、尚清を真の後継者として参りました」という内容である。恐らく、福建の布政司あたりから、入れ知恵をしたのであろう。礼部尚書は、これでやっと、冊封を承認した。この時の例が、その後も引き継がれ、最後の王の尚泰の時まで、請封には、臣民の結状がそえられた。

陳侃出使

嘉靖十一年（一五三二）五月、吏科左給事中（従七品）の陳侃《ちんかん》が正使に、行人司行人（正八品）の高澄《こうちょう》が副使に任命され、往かしめられた。

陳侃は、浙江鄞《きん》県の人。字は応和。号は思斎・思菴。嘉靖の進士《しんし》。帰任後、光禄寺少卿（正五品）に議叙（論功行賞）され、南京太僕寺少卿（正四品）に至って卒《しゅっ》した。最初の冊封琉球使録『使琉球録』を著わした。陳侃の場合は、張璁《ちょうそう》を弾劾《だんがい》し、その怨みを買っての出使だといわれている。

高澄は、順天府固安の人。字は粛卿。号は東玉。嘉靖の進士。帰任後、尚宝司丞（正六品）に議叙された。著の『操舟記』は、夏子陽《かしよう》使録に収録されている。陳侃使録ではわからない陳侃の素顔が描かれていて、あわせて読むと実に面白い。

嘉靖十二年（一五三三）五月に陳侃、六月に高澄が福州に着き、造船をした。冊封には、二隻の船が造船されるのが例であるが、陳侃は一隻だけにして、予算を節減した。封舟に登舟するまでに、琉球からの迎接使が、看針通事一人と、船員三〇人を伴って福州に来た。封舟に乗り組んで、航海を助ける人々である。嘉靖十三年（一五三四）三月に、造船が完了した。福建から護送の将校と兵員が一〇〇名余、船員が一四〇名余、その他の医師・職人・通事・家人等々一〇〇名ほどが随行した。五月一日、广石《げんせき》で海神を諭祭《ゆさい》した。

嘉靖十三年（一五三四）五月八日、開洋。久米島付近で針路を失ったが、十六日に伊平《いへ》屋《や》諸島に停泊した。尚清のさしむけた小舟《さばに》多数に曳航《えいこう》され、二十五日に那覇入港。

六月一日、国廟《こくびょう》で尚真の諭祭礼を挙行。国廟で諭祭礼が挙げられたのは、この時が最初であろうと、私は考えている。七月二日、尚清の冊封礼を首里城で挙行。この時、中山門はあったが、守礼門はなかった。七月二十二日、払塵宴《ふつじん》。八月十五日、中秋宴。八月二十三日、尚清が天使館へ来て御礼言上《ごんじょう》。八月二十九日、餞別宴。開宴に先だって、龍潭《りゅうたん》で爬龍舟《はありい》の競渡があった。九月七日、再び餞別宴。

九月十二日、登舟。二十日、開洋。途中、嵐に遭ったが、二十八日、福建の定海守禦千戸所着。十月二日、福建省城（福州城）入城。『使琉球録』自序の日付は、十月十五日。

琉球出使か辺境警備か

海禁を続けた明《みん》の政策に対し、中国沿海の人々の経済的欲求が高まり、遂に爆発した。嘉靖の大倭寇《だいわこう》である。倭寇とはいえ、実態はほとんどが中国人で、海上で私貿易に従事する人々である。倭寇は、嘉靖四十三年（一五六四）に鎮圧されるが、隆慶元年（一五六七）に、海禁は解除される。これ以後は、封貢《ほうこう》よりも、海商たちが貿易の主役となってゆく。封貢の当事者もまた、否応なく倭寇にまきこまれた時代である。

嘉靖三十五年（一五五六）、倭寇が浙江省で敗れ、逃れて海に出て、琉球の近海に来た。世子の尚元《しょうげん》は、兵を出してこれを迎え撃ち、全滅させて、捕虜になっていた中国人六名を救出した。

嘉靖三十六年（一五五七）十二月、中山王世子の尚元の使者は、この六人を送り返し、請封した。世宗は、中国人の救出と送還を嘉《よみ》し、勅を賜り、銀五〇両と絹織物を尚元に授けた。

嘉靖三十七年（一五五八）、世宗は、刑科給事中の呉時来《ごじらい》を正使、行人の李際春《りさいしゅん》を副使に任じ、往かしめた。呉時来は一向に出発せず、大学士の厳嵩《げんすう》や、その一派の者を弾劾した。「言官になって、かつて弾劾をしたことのない呉時来が、琉球出使が決まると、事もあろうに、権力を独占している人物を弾劾したのである。「舟に乗るのが嫌で、事をかまえて、出鱈目を申しております」と、厳嵩は世宗に告げた。世宗は、呉時来を杖刑《じょうけい》にしたうえで、辺境警備に流した。

同年四月、刑科右給事中の郭汝霖《かくじょりん》が正使に任命され、副使の李際春とともに出使した。北京を出発した郭汝霖は、六月に大運河の船で江蘇省の淮安《わいあん》に着いた。呉時来が、広西省へ流される船と前後するようになった。汝霖は時来をたずねてゆき、「どうして私に会わないようにされるのですか」と言うと、時来は赤面して、返事ができなかった。二人は同じ年の進士で、年家《ねんか》と称し、兄弟同様に交際すべき間柄であった。

呉時来は、浙江仙居の人。字は惟修。号は悟斎。厳嵩が失脚すると、死を決して弾劾した名士となり、重用され、栄職につき、『明史』に伝を残した。晩年はろくに仕事もできなかったようで、弾劾されて落職したこともある。贈り名も剝奪された。

郭汝霖は、江西永豊の人。字は時望。号は一厓。嘉靖の進士。行人司行人、吏科給事中を経て、刑科右給事中の時、出使した。帰任後、光禄寺少卿（正四品）に議叙され、順天府丞（正四品）、大理寺少卿（正四品）を経て、南京太常寺卿（正三品）になって致仕した。副使の李際春と共著の『重編使琉球録』のほか、『石泉山房文集』『古文奇矩』『古文亟《きょく》要《よう》』『詞苑倫英』などの著がある。

李際春は、河南杞県の人。字は応元。嘉靖の進士。行人司行人の時に出使し、帰任して尚宝司丞（正六品）に議叙された。通政使（正三品）に至った。

頒封か領封か

嘉靖三十七年（一五五八）九月、郭汝霖は福州に着いた。十一月に造船の起工式をし、翌年四月、工半《なか》ばにして倭寇が侵攻してきた。封舟を閩《びん》安鎮《あんちん》に廻漕して、そこの将兵に守らせた。三ヵ月間、倭寇は福州城を包囲し、郭汝霖も、毎日、城壁から敵状を視察した。

嘉靖三十九年（一五六〇）正月、琉球の使者が朝貢し、琉球に領封《りょうほう》を願う気持のあることを申し出た。請封《せいほう》をうけて、皇帝の側近の文臣が、冊封の詔勅や賜品を捧げて相手国へ往き、王宮で冊封の詔勅を宣読し、賜品をひとつひとつ王に手渡すのを頒封《はんぽう》とよぶ。頒封が普通の冊封のやり方である。一方、世子が亡命中であるとか、道中が戦乱などで危険な場合とかの便宜的な手段として、領封《りょうほう》とよぶやり方がある。朝貢国の中国の入国地点で、冊封使が詔勅と賜品とを、朝貢の使者に面領させて、持って帰らせる。頒封と領封と、文字がよく似ているので、注意していただきたい。死後に、諸侯や王の称号を贈るのが追封《ついほう》である。

琉球の場合、四、五百人ほどの冊封使一行の持ち渡り貨物もまた、貿易の対象であった。琉球王府は、終始一貫して、頒封を請い続けている。突然、世子の命もうけず、領封を申し出た琉球の使臣の行動は面妖《めんよう》というほかはない。福建《ふっけん》の地方の官員から、そう申し出るように、強力にそそのかされたに違いない。領封であれば、造船の面倒が省け、随員などに関する予算や面倒もなくなる。一回でも例ができれば、あとはそれを盾にして、永久に琉球を冊封する経費と面倒から解放される。

陳侃使録に、すでにこんな話が出ている。陳侃の友人がこう言った。

「海外へ行くのは危険です。天使が遥々と危険を冒すのに、小国の王は、何もしないで、その封を受けるのです。これは、中華が東方の遠国を指導する方法ではありますまい。どうして出使をお断りになって、領封をなさらなかったのでしょうか。」

陳侃は、こう返事した。

「領封の説は、他人が言い出されるのなら、公的な議論でしょうが、私共の口から言うのであれば、私情に過ぎません。どうしてお断りできましょうか。」

だが、この回は、他人が、しかも相手国の使者が言い出したのである。

礼部の審議の結果、旧来の典礼を、にわかに変えがたい、とのことで、海上が鎮静化するのを待ち、機を見て琉球へ行くように、と決定された。

尚元冊封

閩安鎮《びんあんちん》に廻漕して、倭寇から守り抜いた封舟は、フナクイムシに侵蝕されて、嘉靖三十九年（一五六〇）八月、再び一から造船にとりかかった。倭寇は、相変らず、各地を荒しまわっていた。

嘉靖四十年（一五六一）五月二十八日、广石《げんせき》で海神を諭祭。二十九日、開洋。閏《うるう》五月九

日、那覇入港。陰暦は、月の朔望で一年を定めているが、一太陽年との差をなくすため、一九年に七回、閏月をおいて調整する。汪楫《おうしゅう》が『中山沿革志《ちゅうざんえんかくし》』で、尚元の冊封を、嘉靖四十一年（一五六二）と誤ったため、今でもその誤りを引きずっている著書が多いが、閏五月があったのは、嘉靖四十年であって、四十一年ではないことは、暦法上、ゆるがない。六月九日、尚清を諭祭。六月二十九日、尚元を冊封。七月十九日その他、払塵などの諸宴。八月中秋宴は、手紙を出して断った。八月十八日、尚元は天使館で御礼言上。十九日に、餞別宴を申し出て、餞別の黄金四〇両を差し出した。これを却《しりぞ》けた。十月九日、登舟。十八日夜、那覇開洋。帰航中、嵐に遭ったが、二十九日に福建に着き、十一月二日、福建省城に入った。

尚永請封

道教に凝《こ》り、政治に飽きて、政務を厳嵩《げんすう》とその息子に思うがままにされた世宗が、嘉靖四十五年（一五六六）に崩ずると、その子の穆宗隆慶《ぼくそうりゅうけい》帝が即位した。張居正《ちょうきょせい》が内閣に起用され、政治の粛正に取り組んだ。在位六年で穆宗が崩じ、皇太子が十歳で即位した。神宗万暦《しんそうばんれき》帝である。張居正が引き続き補佐した。

万暦《ばんれき》元年（一五七三）十一月、中山王世子の尚永《しょうえい》が請封《せいほう》した。礼部に命じて、福建の鎮巡の官に調査させた。呉時来の事例などもあり、当時は、琉球への出使を忌避することを防ぐため、請封があり次第、ただちに正副使を任命することになっていた。それを調査という名目で、冊封使の任命をわざと先送りにしたのは、二つの理由が推測される。

ひとつは、次の冊封正使は戸科の順番だと、誰もが認識していた。当然、出使するはずの戸科給事中の者が、有力者に手をまわして、自分の戸科在任中に、正使任命の機会のないようにしてもらった、ということである。

いまひとつは、有力者が、自分の気にいらぬ官員を琉球へ行かせるため、その官員を戸科給事中にするまで、わざと正使の任命を遅らせた、ということである。

万暦四年（一五七六）七月、戸科左給事中の蕭崇業《しょうすうぎょう》を正使、行人の謝杰《しゃけつ》を副使として、琉球へ往かしめた。

蕭崇業は、雲南籍の人。字は允修。号は養乾。隆慶の進士。翰林院庶吉士から、兵科と工科の給事中になった。この時、張居正が、官員の駅伝の利用を厳しく制限した。蕭崇業ひとり、駅伝利用制限の緩和を上奏した。このあと戸科左給事中（従七品）となり出使した。帰任して光禄寺少卿（正五品）に議叙され、南京太僕寺卿（従三品）を経て都察院右僉都御史操江提督（正二品）に至った。副使の謝杰と『使琉球録』を共著したが、蕭崇業自身が序に、仕官をすると、すでに大方の者は、分のよい仕事に就こうとし、争って利得を受け、仕事の場ではわれ先にと怠ける。非常のことがあると、ミミズのように縮みあがり、アオガエルのように這いつくばって、敢《あ》えてとるにたらぬ自分の力を信じて、争うということもない。その後で、逆に調子のよい言葉で欺き、殊更に取るに足らぬことで飾りたて、その奸を繕《つくろ》うのである。

などと、激越なことを書いている。出使の際、よほど腹に据えかねることがあったのである。

謝杰は福建長楽の人。字は漢甫。万暦の進士。行人（正八品）の時、出使して、帰任後、光禄寺丞（従六品）に議叙された。その後、各要職を経て南京刑部右侍郎（正三品）から倉場総督戸部尚書に至った。この戸部尚書は加銜《かがん》といって、「待遇」というほどの意で、戸部の仕事はしない。倉場総督のとき、夏子陽が冊封について教示を受けている。謝杰の『琉球録撮要補遺』は、この時、夏子陽のために書かれたものであろう。夏子陽使録に収録されている。

謝杰には、こんな話が残っており、清代の使録に、面白おかしく書かれている。親戚の者が謝杰に同行して琉球へ行った。網巾《もうきん》（ヘアーネット）をしこたま仕入れて持って行ったのだが、琉球には網巾をつける習慣がなく、一向に売れなかった。謝杰は、琉球の人々が、明国の礼にならって、(冠の下に) 網巾を着用しなければ、冊封礼は挙げない、と言った。網巾は、たちまち完売できた。福建の人々は、それ以後、押売りをすること、無理に人に何かをやらせることを、「球人に網巾をきせる」と、言うとのことである。

守礼之邦

万暦四年（一五七六）九月十一日、北京を出発。福建では、それまで続けられてきた戦船の建造の影響で、良材が容易に入手できない情況であった。

万暦五年（一五七七）七月に、封舟の起工式をしたが、船大工の仕事が杜撰《ずさん》で、底木がこわれ、今一度、材木を集めて、十月に起工式をした。封舟が完成すると、今度は、琉球の迎接使の船が、逆風のため、なかなか到着しなかった。

万暦七年（一五七九）五月二十二日、開洋。六月五日、那覇入港。六月二十九日、尚元を諭祭。七月十九日、尚永を冊封。詔に、

おんみ琉球国は、遠く海浜にあって、謹んで皇帝の教化に従い、代々来貢につとめ、守礼之邦ととなえるにふさわしい。

の言葉があった。国門である歓会門と、中山坊との間にある首里坊には、この冊封の時から「守礼之邦」の横額がかかげられた。以後、首里坊は守礼坊とよばれた。今の観光スポ

ットの守礼門である。

八月の中秋宴では、若衆踊が演ぜられ、随行の人々も、琉球の官員たちと交歓した。八月二十四日は、龍潭《りゅうたん》のほとりの仮屋で、龍舟戯《はありい》をみて、宴が行なわれた。円覚・天界の両寺をめぐり、夕刻から北殿で宴が開かれた。九月十日は餞別宴で、餞別の黄金は却けた。九月二十七日と十月五日の餞別宴は辞退した。断り切れずに十月八日は宴に臨んだ。再び却金した。冊封使と尚永は、扇子を取り交わした。

十月二十二日、登舟。二十四日、開洋。嵐に遭ったが、十一月二日、定海所着。五日、福建省城に入った。

私が、特に明白にしておきたいのは、人臣の奉使の公務は、当然、勇をもって赴くべきであり、海上はそれほど危険なものではない、ということである。本当のことを後に伝えるのが、忠義なのだといえよう。

と、記した『使琉球録』の序の日付は、万暦七年（一五七九）十一月である。

激動のとき

内憂外患

万暦《ばんれき》十年（一五八二）、張居正《ちょうきょせい》が没し、気の弱い神宗《しんそう》のもと、無気力な政治が続いた。張居正が再建した財政も、とめどない神宗の浪費により、赤字に転落した。万暦の半ばには、内憂外患が次々と起り、その軍事費のため、明《みん》の破局が迫っていた。

万暦十六年（一五八八）、中山王《ちゅうざんおう》の尚永《しょうえい》が薨《こう》じた。尚永に子がなかったので、尚永の妹の子で、尚永の娘婿の尚寧《しょうねい》が即位した。

万暦十九年（一五九一）八月、琉球の朝貢使《ちょうこうし》が、日本の情報を福建巡撫《ふっけんじゅんぶ》に伝えた。朝鮮からの情報とも一致していた。豊臣秀吉の朝鮮侵略の開始である。この年、秀吉は、薩摩を介して、朝鮮出兵の兵糧《ひょうりょう》として、七〇〇〇人六ヵ月の米の供出を琉球に命じた。琉球は、少々は送ったが、あとの供出は断った。これが後に、薩摩の琉球侵略の口実のひとつとなった。文禄《ぶんろく》の役《えき》の和議の結果、万暦二十四年（一五九六）六月十五日、大坂城で豊臣秀吉は、冊封使の楊方亨《ようほうこう》によって、日本国王に冊封された、と『明実録』は書いている。翌年、慶長《けいちょう》の役《えき》という名の朝鮮再侵略が起る。秀吉が死に、朝鮮からの撤兵が完了すると、万暦二十七年（一五九九）閏四月、神宗は、「倭を平定した詔」を発布した。秀吉を「東夷《とうい》小醜の平秀吉」と罵倒《ばとう》している。

朝鮮の戦乱の間、尚寧は請封《せいほう》しなかった。朝貢使が北京に着いた時、礼部尚書がその宴に出て、尚寧あての文書を手渡し、早く請封して、琉球の守りを固めるように、と促すことさえあった。

万暦二十三年（一五九五）、琉球の使者が福建へ来て、請封をしたので、巡撫の許孚遠《きょふえん》が代奏した。礼科給事中の薛三才《せつさんさい》は、中山王世子《ちゅうざんおうせいし》の請封の表がないのに、代奏によって冊封することはできない、とした。礼部の范謙《はんけん》は、誰かに福建へ詔勅と賜品を持たせて、中山王世子の表が届けば、その使者に面領させて、持って帰らせればよいとした。領封《りょうほう》である。神宗は、それを許した。

万暦二十七年（一五九九）の末、尚寧が改めて請封した。礼部は、海に慣れた武臣を遣わし、琉球の船に便乗して、冊封をさせることを請うた。こうすれば、造船の必要もなく、数百人の随員・船員の派遣も不要となる。

万暦二十九年（一六〇一）、尚寧は、文臣の派遣を請うた。礼部は、聖旨を奉じて、兵科給事中の洪瞻祖《こうせんそ》と、行人の王士禎《おうしてい》を往かせることにした。

文臣派遣

正使になった洪瞻祖は、出使を免れようと、種々企んだ。当時、浙江省で起った事件を、大袈裟に言いたてて、事が明白になるまでは出使できぬと居座った。幸いにもまた、父が死に、丁憂交替《ていゆうこうたい》となった。交替要員は、兵科右給事中の夏《か》子陽《しよう》であった。

夏子陽は、江西玉山の人。字は鶴田。万暦の進士。紹興府推官（正七品）を経て、兵科右給事中のとき出使、出使中に工科都給事中となり、帰任して太常寺少卿（正四品）に議叙されたが、「海中悸疾《きしつ》が起りましたので」との理由で、致仕して帰郷した。王士禎と『使琉球録』を共著した。

王士禎は、山東泗水の人。号は旭陽。万暦の進士。行人の時に出使し、光禄寺丞（従六品）に議叙された。

万暦三十一年（一六〇三）十月に夏子陽が、十二月に王士禎が福建《ふっけん》に着いた。地方官庁は、必ずしも冊封業務には誠実ではなく、官吏の不正もあって、封舟の材料は集まらず、造船は捗《はかど》らなかった。そのさなか、福建の按察使が、冊封使に武臣の派遣を請うた。造船したくなかったからである。六科は、すでに冊封使が任命され、出発したから、武臣派遣の儀は不可とした。上奏のたびに、定見もなく、ぐらぐら揺れる神宗に、さまざまな人が、さまざまな上奏をした。たまりかねた夏子陽は、早く造船をすませ、冊封使を速やかに行かせるよう、福建の地方官員に勅を出されたいと上奏した。その勅が下され、地方官員は、少しはその気になった。

万暦三十四年（一六〇六）三月、封舟完成。五月二十四日、開洋。六月二日、那覇入港。六月三十日、尚永諭祭。七月二十一日、冊封礼。八月五日、尚寧が天使館で御礼言上。中秋宴は辞退。重陽宴《ちようよう》は、出るには出たが、龍舟戯《はありい》はしないようにと、予《あらかじ》め手紙で断っておいた。十月四日、冊封使が王宮へ行き、別れの挨拶をした。扇を取り交わした。十月十一日、王が天使館へ行き、餞《はなむけ》をした。十月十五日、登舟。二十日、開洋。嵐に遭ったが、十一月一日、閩江《びんこう》に入った。十一月三日、省城へ入った。この冊封が劇化され、一九九三年（平成五）、NHKが大河ドラマ「琉球の風」と題して一年間連続放映した。

福州城へ入った夏子陽は、地方の官員に、こう語った。

日本は一〇〇〇人近くが、刀を抜き身にして交易していました。琉球は、やがて日本に屈服するでしょう。中国の使臣が琉球にいても、知らん顔でした。琉球国が、中国の皇帝に仕えるやり方は、至極浅薄です。うまく操縦したり、伸縮したりするのも、琉球の臣下と、わが方の通事らとが、肚《はら》をあわせて、狡《ずる》いことをやっているだけなのです。ささやかな正副の両使臣では、威圧することもできず、法によって禁ずることもできません。もし別の時、再び勅命によって航海するときは、国を辱《はずかし》めること、いよいよ甚だしいことでしょう。

夏子陽は、神経が鋭く、醒《さ》め切ったタイプの人らしい。物事の本質を見通す能力にすぐれ、冊封使録は苦渋に充ちている。その夏子陽の予言は、すぐに的中した。万暦三十七年（一六〇九）、島津家久《いえひさ》は薩摩勢を琉球へ侵入させた。尚寧は降伏した。

薩摩の侵略

万暦三十八年（一六一〇）七月、琉球は倭警（島津軍の侵略）を福建へ報告し、貢期の遅れることを伝えた。万暦四十一年（一六一三）、神宗は、勅諭を尚寧に授けた。

国土が狭い上に、新たに戦火を受けたことを気の毒に思う。貢期が遅れることは、おんみの責任ではない。おんみはどうか人民をいたわり、国の守りを固くして自立をはかり、一〇年ののち、物資が豊かになるのを待って、また朝貢するがよい。朝貢が一〇年もできなければ、朝貢貿易の利益を吸い上げるつもりの、家康と家久の思惑がはずれる。このあと、琉球国は二年一貢を、ひたすら明朝廷に請い続けた。

明朝最後の冊封

万暦四十八年（一六二〇）、神宗が崩じ、光宗泰昌《たいしょう》帝が即位した。病気になり、李可灼《りかしゃく》が献じた紅い丸薬を内服して、光宗は即死した。在位一ヵ月であった。光宗の長子の熹宗天啓《きそうてんけい》帝が即位した。暗君として有名なこの帝は、宮中の奥にこもって、大工仕事に精を出した。在位七年で熹宗が崩じ、弟の毅宗崇禎《きそうすうてい》帝が即位した。聡明で思慮深い帝であったが、傾いた明帝国の大勢は、もはや挽回できなかった。国内の各地に流賊《りゅうぞく》が蜂起し、国外では満洲族がにわかに勢力を増していた。

天啓三年（一六二三）三月、中山王世子《ちゅうざんおうせいし》の尚豊《しょうほう》が請封した。尚寧に子がなかったので、尚元の孫の尚豊が、尚寧の世子として即位したのである。一〇年間、朝貢をしなかったので、二年一貢にもどされたいと請うた。しばらく五年一貢となった。

天啓五年（一六二五）十二月、尚豊はまた請封した。「この時、中国多事にして、科臣の使に応ずる者、また行くを憚《はばか》る。故に故典、久しく稽《とどこお》る」という体《てい》たらくであった。

崇禎《すうてい》三年（一六三〇）また請封した。毅宗は、従前通り文官を派遣するよう礼部に命じた。礼部尚書の何如寵《かじょちょう》は、領封《りょうほう》せしめられんことを請うたが、帝は許さなかった。そこで、戸科給事中の杜三策《とさんさく》と、行人《こうじん》の楊掄《ようろん》を往かしめた。

杜三策は、山東東平の人。字は毅斎。天啓の進士。給事中の時、宦官《かんがん》の魏忠賢を弾劾し、その怨みを買って帰郷した。毅宗の即位により、三策は官界に復し、琉球に出使した。大理寺卿（正三品）を経て侍郎（正三品）となり、天津巡撫となった。楊掄との共著『使琉球録』の名はあるが、まだ現物は、見出されてはいない。

楊掄は、雲南籍の人。万暦の進士。行人の時に出使し、光禄寺卿（従三品）に至った。

『琉球図記』　杜三策と楊掄の『使琉球録』を見ることのできない私たちは、杜三策の従《じゅう》客《きゃく》の胡靖《こせい》が、『琉球図記』を刊行しているので、使録の代りに利用している。

胡靖は、福建南平の人。字は献卿。号は荆胡子。詩と画に巧みであった。僧となり、澄雪といった。

崇禎六年（一六三三）六月四日、開洋。九日、那覇入港。七月一日、尚寧の諭祭。七月二日、尚豊の冊封。十一月九日、那覇開洋。十九日、閩江に到着。

これが、明朝廷による最後の冊封であった。尚豊は、崇禎十三年（一六四〇）五月四日、

薩摩の使者のもたらした抹茶を飲んで、即死した。御茶拝領という名の毒殺である。蔡温本『中山世譜』は、

王は資質英敏にましまし、仁徳をもって民を撫《やすん》じたまい、賢に親《したし》んで佞《ねい》を遠ざけ、政教を復興したまいき。

と、痛恨の思いを記している。五十一歳であった。

明清交替

毅宗自決

満洲で成立した大清《たいしん》国に備え、明の精鋭軍が山海関《さんかいかん》に集結している隙《すき》に、流賊《りゅうぞく》の李自成《りじせい》が北京を侵攻した。毅宗《きそう》は、北京防衛の勤王の軍を召集したが、応ずる者はなかった。崇禎十七年（一六四四）三月十九日、襟《えり》に、

たとえ朕の屍《かばね》が、賊の手で八ツ裂きになろうとも、百姓の一人をも傷つけることのないように。

と書きとどめ、毅宗は自決した。

山海関の明軍の呉三桂《ごさんけい》は、清と合同で、毅宗の仇をうつことを申し入れた。清の世祖《せいそ》の叔父で摂政の睿親王《えいしんのう》は、呉三桂と共に、北京の李自成を撃破して、北京に入城した。清軍

は、毅宗を帝の礼をもって改葬し、臣民に三日間の服喪を命じた。毅宗に荘烈愍皇帝《そうれつびん》と贈り名し、帝陵を思陵と名づけた。愍《びん》とは、国にあって、難に逢った者に贈られる名である。

順治《じゆんち》元年（一六四四）九月、睿親王は満洲から幼帝世祖を北京に迎え、中国全土に清朝《しん》政権の成立を宣言した。中国各地には、明の王族が亡命政権を作った。清に投降した洪《こう》承疇《しようちゆう》や呉三桂らに、中国全土を制圧させた。漢人をもって、漢人を制したのである。

明末、尚豊のあとをついで即位した尚賢《しようけん》が、請封の使を出したが、動乱のため福建で動けなくなった。亡命政権から招諭をうけた琉球は、そのつど慶賀使を出したが、福建に着くと、亡命政権が亡んでいて、これまた動けなくなった。福建の琉球使臣一行は、海賊に殺された者、餓死した者もあった。

順治三年（一六四六）八月、毛泰久・金正春ら五名の琉球の使者は、福州の唐王を攻略した貝勒《ばいろく》将軍に降伏した。土通事《どつうじ》の謝必振《しやひつしん》の付添いで北京へ行き、世祖に謁して帰誠した。土通事とは、福州城外の河口に住む琉球語に通じた人々で、中国側の通事である。久米村《くにんだ》の中国語のできる通事を夷通事《いつうじ》とよぶ。明朝廷からの国王印と詔勅を返納したうえで、請封をすれば、冊封をしよう、と合議した。

順治四年（一六四七）九月、尚賢は薨じ、尚質《しようしつ》が即位した。順治六年（一六四九）六月、清朝廷から招撫使に任ぜられた謝必震と、琉球の使者らを乗せた船は、風のため九州に漂着し、山川《やまがわ》港へ廻漕され、薩摩ははじめて清朝成立を知った。金正春が、すぐ江戸へ行かされ、江戸幕府もまた、中国の政変の実態を知った。同年九月、謝必振らの船が那覇へ入港した。十月二日、首里城で、世祖の招撫の勅諭が開読された。謝必振は下天妃宮に、「普済万霊」の額をかかげた。土通事や一将校でも、勅使となると、結構、立派に揮毫《きごう》して、その額を残している。

清朝最初の冊封

順治十一年（一六五四）三月、中山王世子の尚質は、使を遣わして、世祖の即位を慶賀し、明の国王印を返還し、請封した。

七月、兵科副理事官の張学礼《ちょうがくれい》と、行人司行人の王垓《おうがい》が往かしめられた。別れの挨拶に参上した張学礼に、世祖は家族のことを、こまごまと下問した。そして、

「おんみは大家族だ。老臣に、幸福と秩禄がめぐまれ、そのうえ、子孫も多い。行っても、さまたげはあるまい。」

と、喜んだ。世祖にとっても、琉球は、万里の風波の彼方の海邦であった。

張学礼は、遼陽の人。字は立庵。鑲藍旗漢軍の出身。兵科副理事官の時、出使の命をうけた。帰任後、『使琉球紀』と『中山紀略』を著した。

王垓は、陝西膠州の人。順治の進士。行人の時、出使した。帰任ののち、戸部員外郎《いんがいろう》・兵科給事中（従七品）などを経て、浙江按察司副使となり、寧波で卒《しゅっ》した。

張学礼と王垓が福州に着いたころ、鄭成功《ていせいこう》が反清攻撃をしており、制海権は鄭一族に握られていた。造船をするにも、舵にする鉄刀木《たがやさん》が入手できなかった。

四ヵ年経ても、鄭の攻撃が止まず、張学礼は、冊封使を一旦引き揚げ、沿岸が平穏になってから、改めて使臣を任命して、派遣せしめられんことを請うた。世祖は許した。順治十五年（一六五八）、北京にもどった張学礼は、詔勅と「琉球国王之印」を返納した。この年、兵科副理事官の職は廃止され、張学礼は江南道監察御史《ぎょし》（正七品）兼河東巡塩《じゅんえん》に任ぜられた。

順治十八年（一六六一）正月、世祖が崩じ、聖祖康熙帝《せいそこうき》が即位した。聖祖は、琉球の冊封の大幅な遅れを叱責し、張学礼と王垓を、原官に差し戻し、急遽出使させた。康熙《こうき》元年（一六六二）五月に、鄭成功が死に、正副使下命は、その十月であった。十一月に出発した。

康熙二年（一六六三）四月、福建到着。封舟はできていた。五月四日、登舟。土通事の謝必振も、通事として随行した。また、順治十年（一六五三）の請封使一行六〇人のうち、四〇人が死亡したが、残る人たちも封舟に同乗した。一〇年ぶりの帰国であった。

天使不時着

この冊封は、清国と琉球との連絡がとれていなかった。順治十七年（一六六〇）九月、首里城は火災のため焼失し、尚質は大美御殿《うふみうどぅん》に仮住いをしていた。天使館も壊れていた。三年続きの不作で、食料の備蓄はまったくなかった。

そこへ、五〇〇〇人ほどの冊封使一行が、二隻の船で現われた。冊封使は、封舟に六日間とどまってもらい、民家に手を入れて、臨時の天使館にした。供給する食料は、八、九割方削減することを願い出た。

尚豊の諭祭が行なわれたのかどうか、使録に記述はない。尚賢追封についても、使録にはない。七月十七日、冊封礼。琉球側は、式場を大美御殿とする。使録は首里城とする。私は、正殿はなくとも、前庭《うなぁ》に仮設の闕庭《けってい》さえ設ければ、冊封礼は挙行できたと考える。したがって、冊封礼は、首里城正殿の前庭、七宴は大美御殿で挙行されたものと、推測している。張学礼のあげた七宴の名は、迎風・事竣・中秋・重陽・冬至・餞別・登舟である。この名から、先王諭祭も追封もなかったものと私は考える。

十一月十二日、登舟。十四日、開洋。二十四日、定海所着。二号船は翌年二月着。十一月二十五日、省城に入る。翌年七月十日、謝恩使とともに聖祖に謁して、帰任の挨拶をした。冊封使の却金は、聖祖の命により、両天使に受け取らせた。

張学礼と王垓は、長年出使しなかったため、厳重に処分されるべきところ、尚質の熱誠をこめたとりなしの疏が、聖祖の気持をやわらげた。聖祖は、命じて学礼らを現職に復帰せしめた。

薩摩と江戸と

金正春の報告で、中国の政権交替を知った薩摩藩では、琉球が清国に服属すると、琉球の王や官員が、髪形は弁髪《べんぱつ》といった風に、韃靼《だったん》の風俗に変えられはしないかと考えた。そうなれば、「独り島津氏の恥辱ばかりでなく、日本の瑕《きず》にもなりかねまい」と、本気で心配したらしい。そして、幕府の許しを得て、琉球を防衛しよう、などと、江戸へ使者を派遣した。一六五五年八月、老中の松平信綱《まつだいらのぶつな》は、薩摩の家老の島津久茂に、琉球は清国の命ずる通りにさせること、琉球へ軍兵を遣わしてはならぬ、と伝達した。

汪楫使録《おうしゆうしろく》によると、「それぞれ都合のよいようにすればよい」との諭旨を奉じて、琉球は、前明《ぜんみん》の冠服の制にそうことになったらしい。とすれば、中国本土の漢人に弁髪を強制した清国であったが、聖祖は、髪型と服装の自由を琉球に与えたことになる。

漢人末裔の誇り高い久米村《くにんだ》の人士は、この時、明の服装をやめ、琉装を身につけた。

最大の帝国

聖祖康熙《こうき》帝・世宗雍正《せいそうようせい》帝・高宗乾隆《こうそうけんりゅう》帝の三代にわたり、清王朝は帝国の基礎を固め、次第に辺境へ進出し、十八世紀末には、世界最大の帝国に成長した。

史官派遣

康熙二十一年（一六八二）、中山王世子《ちゅうざんおうせいし》の尚貞《しょうてい》は、尚質の告訃《こくふ》をし、請封《せいほう》した。礼部《れいぶ》は、領封《りょうほう》と議決した。琉球の使者の毛見龍《もうけんりゅう》は、あくまで頒封《はんぽう》されんことを願った。しかし、礼部は、頒封は不可とした。

これより先、康熙十三年（一六七四）、福建《ふっけん》で耿精忠《こうせいちゅう》が反乱した。琉球へ使者をやり、火薬用の硫黄を求めた。使者が硫黄を満載して帰ると、耿精忠はすでに鎮圧されていた。

使者は、硫黄を海へ捨てて逃げたが、捕えられた。康親王の訊問にも、琉球は硫黄を渡さなかった、と答えた。琉球から、耿精忠の即位を慶賀する表文と、清国への問安の表文を携えて、探問の使者が福建に着いた。耿の鎮圧を知った使者は、問安使となって、世子尚貞の問安の表を、聖祖に奉呈した。康親王の審問にも、琉球は清王朝の臣であり、耿の要求を退け、硫黄は与えなかった由《よし》を答えた。康親王は、耿の使者と、琉球の使者の言が一致したので、聖祖にこの旨を報告した。この時、安南は、反乱した雲南の呉三桂《ごさんけい》に与《くみ》した。聖祖は、琉球は「不叛《ふはん》の臣」との思いを深くした。

礼部の頒封の主張と、琉球の使者の頒封の懇願との間に立った聖祖は、ためらいもなく、使臣派遣を礼部に命じた。翰林院《かんりんいん》検討の汪楫《おうしゆう》が正使に、内閣中書舎人の林麟焻《りんりんしょう》が副使に任ぜられた。

翰林院は、進士《しんし》の中の成績優秀な者を優遇するための官庁で、文墨を担当し、一般の行政職とはまったく違っていた。明代では史官と称し、清代も太史と雅称された。修撰（従六品）は第一甲第一名の進士、編修（正七品）は第一甲第二第三名と第二甲の進士、検討は第三甲の進士に授けられた。内閣中書科の中書舎人（従七品）は、満洲二人、漢人四人で、詔勅を書くことを担当した。

汪楫は、安徽休寧の人。字は舟次。江蘇省贛楡《かんゆ》県の儒学訓導となり、博学鴻詞に挙げられ、翰林院検討に任ぜられた。出使ののち、河南府の知府（従四品）、福建按察使（正三品）、福建布政使（従二品）となり、北京に召される途次、聖祖に謁し、御書をもって侍郎《じ ろう》（正二品）に任じたうえで、致仕を許された。三篇から成る冊封使録のほか、『中洲《ちゅうしゅう》沿革使《こうかくし》』『悔斎詩文集』『山聞正統集』『観梅集』の著がある。

林麟焻は、福建莆田の人。字は石来。康熙の進士。出使ののち、戸部主事・員外郎・四川郷試副考官・礼部郎中（正五品）を経て、貴州提学僉事（正五品）の時、帰郷した。『玉巌詩集』『竹香詞』『列朝外記』『莆田県志』の著がある。

中山世土

康熙二十一年（一六八二）八月、汪楫と林麟焻は、聖祖にいとまごいをした。聖祖は、

「琉球は海外の小国だ。おんみらは、往ってつとめて大局を保ち、接するには寛和をもってし、遠人をなつかせる朕《ちん》の気持にそうように。」

と、訓示した。汪楫がかねて請いたてまつっていた、琉球国へ授ける「中山世土《ちゅうざんせいど》」の御《ぎょ》書《しょ》が与えられた。外国への御書の頒賜《はんし》は、清朝ではこれが最初の例である。以後、琉球国は歴代皇帝の御書が授けられた。御書は、横額にして、首里城正殿の階上にかかげられ、

御書楼とよばれた。復元された首里城正殿には、「中山世土」の御筆の額だけが復元されている。

正副使が福州に着くと、台湾の鄭一族を攻略するため、総督は厦門《アモイ》に駐在していた。巡撫以下、地方の官員は、不在か欠員で、造船どころではなかった。汪楫は、厦門の総督に連絡して、使用中の海船二隻を回漕してもらった。二隻の鳥船が来た。鳥船は、明代後期から福建で造られるようになった外洋船で、横断面がV字形になっており、V字の頂点部が龍骨になっていた。船脚が速く、横波に強く、積載量が多い。この時以来、冊封使は造船の苦しみから解放された。

康熙二十二年（一六八三）六月二十日、怡山院《いさんいん》で海神を諭祭。二十三日、開洋。二十六日、那覇入港。歴代冊封琉球使の中で、渡航の最短記録である。八月六日、尚質を諭祭。八月十二日、尚貞を冊封。十一月二十四日、那覇開洋。十二月四日、定海所《ていかいしょ》着。

万暦《ばんれき》十五年（一五八七）以降、琉球から国子監へ留学する生員は絶えていた。尚貞は、汪楫と林麟焻に、琉球の子弟が、再び国子監に留学できるように、との代奏を請うた。汪楫と林麟焻は、実は、当時の国子監祭酒（学長・従四品）の王士禛《おうししん》の詩の弟子であった。礼部からの問い合わせに対し、王士禛は、文教を慕うこと、琉球は諸国の中で最も熱心でありました。中国も、これを待遇するのに、また、最も優遇をしたのであります。（『琉球入太学始末』）

と、答申した。

聖祖は、琉球から留学生の来ることが、殊の外うれしかったらしい。北京の国子監の中に、早速、琉球官学を作らせて、優遇させた。これが例となり、琉球国王の冊封のたびに、冊封使の代奏により、二〜四名の留学生が、北京で四ヵ年留学するのが例となった。

皇綸三錫

康熙《こうき》五十七年（一七一八）二月、中山王世曾孫の尚敬《しょうけい》は、曾祖の尚貞と、父の尚益《しょうえき》の告訃《こくふ》をし、請封した。同年六月、聖祖は、翰林院検討の海宝《ハイボォ》を正使に、編修の徐葆光《じょほうこう》を副使に任じて往かしめた。この二人は、琉球の天使館に「皇綸《こうりん》三錫《さんし》」の額をかかげた。同じ皇帝の詔勅を三度賜った、の意である。聖祖の恩沢が、尚質・尚貞・尚純《しょうじゅん》・尚益・尚敬の五世に及び、尚質・尚貞・尚敬の三王に冊封を賜ったことは、空前のめでたいしるし、としたのである。

この時、聖祖は、量視日影八品官の平安《へいあん》と、監生の豊盛額《フエンセンゲ》を同行させ、琉球の位置を測量させた。さきに、汪楫に内意を伝え、その著『中山沿革志』で、琉球の歴史——時間軸を明らかにした聖祖は、この度は、琉球の空間軸を明確にしようとした。当時、琉球の最も深い知識を持っていたのは、聖祖であろう。

海宝《ハイボオ》は、満洲鑲白旗の人。姓は瓜爾佳《グワルギャ》。康熙の進士。『使琉球詩』の著がある。

徐葆光は、蘇州長洲の人。字は亮直。号は澄斎。康熙の進士。『中山伝信録』『奉使琉球詩』の著がある。首里城の瑞泉のかたわらに「中山第一」の碑を書いたが、復元されている。

康熙五十八年（一七一九）五月二十日。怡山院で海神を論祭。二十二日、開洋。六月一日、那覇入港。

六月二十六日、尚貞と尚益を論祭。七月二十六日、尚敬を冊封。八月九日、尚敬が天使館で御礼申上。八月二十日、中秋宴。十月二十日、重陽宴。十一月一日、餞別宴。十一月十日、拝辞宴。十二月二十六日、天使館で尚敬と望舟宴。

この時、随員の持ち渡り貨物の売れゆきがはかばかしくなく、帰航が遅れに遅れた。康熙五十九年（一七二〇）二月十六日、那覇開洋。二十九日、定海所着。三十日、怡山院で海神を論祭。

久米島遭難

乾隆《けんりゅう》十九年（一七五四）、中山王世子の尚穆《しょうぼく》が、尚敬の告訃をし、請封した。高宗は、翰林院侍講の全魁《ぜんかい》を正使に、編修の周煌《しゅうこう》を副使に任命して往かしめた。

全魁は、満洲八旗の出身。姓は尼奇哩氏。字は斗南。号は穆斎。乾隆の進士。出使ののち、国子監祭酒（従四品）、内閣学士（正三品）、盛京礼部侍郎（正二品）、盛京戸部侍郎を歴任した。

周煌は、四川涪州の人。字は景垣《けいえん》。乾隆の進士。出使後、左庶子（正五品）、上書房（皇子皇孫教育係）行走、兵部侍郎（正二品）、工部尚書（従一品）、上書房師傅、左都御史（従一品）を歴任し、四庫全書総裁に至った。著書に、『琉球国志略』『応制集』『海東集』『予章集』『湖海集』『蜀道吟』『海山存稿』などがある。

従客《じゅうきゃく》に、詩人として著名な王文治《おうぶんじ》がおり、琉球へ同行した。『夢楼詩集』巻二の『海天遊草』は、この時の作品集である。

乾隆二十一年（一七五六）四月二十日、福建到着。六月五日、海神諭祭。十日、開洋。十四日、久米島に停泊。二十二日より暴風。琉球の迎封使が、上陸することを申し出たが拒否。二十四日、暴風は激化し、夜半、封舟は破損し座礁した。中国の船員も兵員も、自分のことが精一杯で、冊封使を救助する者は一人もいなかった。久米島の人々の決死的な救出活動により、冊封使はじめ全員は救出された。封舟に置き去りにされた、節・詔勅・

新鋳国王印も、久米島の人々が、風波の中で封舟から探し出して無事であった。周煌は、これを、

そこで、杉板《はしけ》を海に下し、私共は詔勅と節と印を捧げたてまつり、続々と上陸した。わが皇帝陛下のお助けにまかせたおかげで、また天后（媽祖、航海の女神）の神徳により安全であった。

などと、ぬけぬけと書いている。

七月四日と五日に、尚穆が遣わした船に乗って、一行は七月八日に那覇港で登岸した。

乾隆二十一年（一七五六）七月二十七日、尚敬を諭祭。八月二十一日、尚穆を冊封。この時、新鋳の国王印が授けられた。八月二十四日、尚穆が天使館で御礼言上。九月四日、中秋宴。九月十二日、重陽宴。十月三日、餞別宴。十月六日、拝辞宴。十月十八日、望舟宴。

随員騒乱

封舟に乗っていた護衛の福建の兵員等に対し、久米島の遭難に配慮して、中山王府は五〇〇〇両の見舞銀を贈った。一人当り三六両ほどになった。兵員らは満足しなかった。尚敬の冊封の時には、兵員一人銀一二八両が贈られたという噂が伝わっていたからである。そこで、陳国棟《ちんこくとう》らは、中山王府にもっと銀を出すよう頼んでほしいと、冊封使に懇請した。

冊封使は拒否した。陳国棟らは、冊封使への供応の食料と水とを差し押さえたり、諭祭礼に参加しないと脅迫した。そのうえ、船員まで引き込んで、大々的に冊封使に圧力をかけた。同調しない随員には乱暴を加えた。王府側はやむなく、さらに二万両の銀を追加したが、将兵の横暴ぶりは止まなかった。十二月十二日、遅れた二号船が、那覇に入港した。この二号船にも、見舞銀二万六〇〇〇両と手当三〇〇〇両が支払われた。

乾隆二十一年（一七五六）十月、壊れた封舟にかわる新造船を、琉球側は用意していた。二十六日、登舟。風向きが悪く、再上陸。乾隆二十二年（一七五七）正月十八日、再登舟。二十日、開洋。二月十二日、定海所着。十六日、省城に入った。

冊封使は、単に詔勅類の伝達者であるばかりではなく、随行する全員の統率者なのである。しかし、この二人には、まったく部下の管理能力と判断力が欠如していた。この時、次使の李鼎元《りていげん》が副使であれば、こんな不様《ぶざま》なことは起らなかったであろう。身ひとつで辛うじて救命された正副使が、久米島の人々の決死の救助を黙殺したように、兵員らの騒乱についても、二月十九日に福州から送った帰国報告には、何ひとつ書かれていなかった。

尚穆の連絡文書を読んだ福建巡撫の鐘音《しょうおん》は、しかし、琉球で何かがあったらしいと察知した。ただちに、そのことを上奏した。三月二十七日、杭州へまで帰って来た全魁と周煌は、閩浙総督の喀爾吉善《カルチシャン》から、直接に審問を受けた。五月二十五日、高宗の命により、陳国棟ら八人の兵員は斬首された。王府が支給した銀は、新造船とともに、全額、琉球へ返還された。冊封正副使は、厳重に処分すべきところ、久米島の遭難にかんがみ、留任された。

落日の世紀

艇盗の乱

乾隆《けんりゅう》（一七三六〜九五）の末から、嘉慶《かけい》（一七九六〜一八二〇）の前半にかけて、中国の東南海域では、艇盗《ていとう》（海賊）が活発に動きまわっていた。白蓮教《びゃくれんきょう》の反乱に対応する清《しん》国の虚をついた形での出来事であった。

嘉慶三年（一七九八）八月、中山王世孫の尚温《しょうおん》が、尚穆の告訃《こくふ》をし、請封《せいほう》した。尚穆の世子《せいし》の尚哲《しょうてつ》は、尚穆の在世中に没していた。

嘉慶四年（一七九九）六月、仁宗《じんそう》は、翰林院《かんりんいん》修撰の趙《ちょう》文楷《ぶんかい》を正使とし、内閣中書（従七品）の李鼎元《りていげん》を副使として往かしめた。内閣中書は、内閣で文書の作製や翻訳などを担当した。

趙文楷は安徽《あんき》太湖の人。字は逸書。号は介山。嘉慶の進士。琉球出使ののち、心身に異常が生じ、山西省雁平道の道員になったが、在任四ヵ年で死去した。母が病弱のため、冊封使に推されることを辞したが許されず、出使中に母が死に、琉球から帰航して、福州で母の死を聞かされたのである。『石柏山房詩存』の著があり、集中の『槎上存稿』が、琉球出使の時の吟詠である。

李鼎元は、四川綿州羅江の人。字は和叔。号は墨荘。従兄の李調元《りちょうげん》、弟の李驥元《りきげん》と共に、綿州の三李と称された。乾隆の進士。翰林院庶吉士から検討となったが、時の高官に逆らい、勤務評定に差をつけられたといわれる。出使後、兵部主事（正六品）に至った。『使琉球記』『師竹斎集』の著がある。なお、滞琉中に編集した中琉辞典の『球雅』は、幻の著作とされてきたが、最近、李鼎元の『琉球訳』の存在が確認され、両者の比較検討が進められている。私は、この『琉球訳』こそが、『球雅』であると考えている。

嘉慶五年（一八〇〇）二月二十八日、出京。閏《うるう》四月八日、福州着。五月五日、天后（媽《ま》祖《そ》）と海神を論祭。五月七日、開洋に先立ち艇盗の連絡が入ったが、将兵に防備を指示したうえで開洋。五月十二日、那覇入港。

六月八日、尚穆を諭祭。七月二十五日、尚温を冊封。八月四日、尚温が天使館で御礼申上。このたびは、嘉慶四年（一七九九）に高宗乾隆帝が崩じ、その諒闇《りょうあん》（天子の喪）中であったため、七宴はなかった。冊封礼では、奏楽位は設けられたが、演奏はしなかった。十月十五日、登舟。二十日、那覇開洋。二十九日、温州沖で艇盗と遭遇して交戦し、撃退した。十一月二日、閩江《びんこう》へ入る。天后・海神を諭祭。三日、省城に入る。

活潑潑地　嘉慶七年（一八〇二）に尚温が薨《こう》じ、世子の尚成《しょうせい》が即位したが、請封するに至らず、嘉慶八年（一八〇三）に逝去した。そこで尚温の弟の尚灝《しょうこう》が、尚温の世孫という名目で、尚温の告訃をし、請封するとともに、尚成の追封を請うた。嘉慶十二年（一八〇七）七月、仁宗は、翰林院編修（正七品）の斉鯤《せいこん》を正使、工科給事中（正五品）の費錫章《ひせきしょう》を副使として往かせた。

斉鯤は、福建侯官の人。字は澄瀛《ちょうしょう》・北瀛《ほくえい》。嘉慶の進士。出使ののち、河南府の知府（従四品）に至った。費錫章との共著『続琉球国志略』のほかに、琉球出使中に詠じた『東瀛百首《とうえい》』がある。

費錫章は、浙江帰安の人。乾隆帝南巡の際、召試一等で挙人となり、内閣中書となった。工科給事中の時、出使した。

嘉慶十三年（一八〇八）五月二日、福州着。閏五月十一日、開洋。十六日、那覇入港。

六月十五日、諭祭・追封礼。八月一日、冊封礼。十月二日、那覇開洋。十五日、閩江に入る。十七日、福建省城に入る。

斉鯤が在琉中に題した「活潑潑地」の碑は、首里城の瑞泉のかたわらに復元されている。

源遠流長

道光《どうこう》十七年（一八三七）正月、琉球国王世子の尚育《しょういく》が、尚灝の告訃をした。尚灝は、在位中に精神の異常を来たし、城間村の別邸で隠棲していたが、小舟で海へ出たとき、突然海へ飛び込み溺死した。

同年六月、宣宗は、翰林院修撰（従六品）の林鴻年《りんこうねん》を正使に、編修（正七品）の高人鑑《こうじんかん》を副使にして、往かせた。

林鴻年は、福建侯官の人。字は勿村《ぶっそん》。道光の進士。官は雲南巡撫（正二品）に至った。また鰲峰《ごうほう》書院で二〇年間、教育に携わった。

高人鑑は、浙江銭塘の人。原名は徳鎔《とくよう》。字は受甫《じゅほ》。号は螺舟。道光の進士。

この二人は、冊封使録は著していない。しかし、在琉中は、多くの揮毫《きごう》をしており、今もかなり残っている。林鴻年は瑞泉に、「源遠流長」と題したが、復元されている。識名園にも、復元された碑がある。

道光十八年（一八三八）五月四日、五虎門開洋。九日、那覇入港。六月二十四日、尚灝を諭祭。八月三日、尚育を冊封。十月十二日、那覇開洋。十九日、五虎門着。

最後の冊封

道光二十七年（一八四七）に尚育が薨じ、最後の琉球国王の尚泰《しょうたい》が即位した。中国側の太平天国の乱により、請封が遅れた。咸豊《かんぽう》十年（一八六〇）に派遣されるはずの請封使も、第二次アヘン戦争で、英仏軍が北京に侵入し、文宗《ぶんそう》が熱河に避難するといった状況のため、見送らざるを得なかった。

同治《どうち》四年（一八六五）十二月、琉球国王世子の尚泰は、尚育の告訃をし、請封した。穆宗は、詹事府《せんじふ》右春坊右賛善（東宮職だが実質は翰林院外局。従六品）の趙新《ちょうしん》を正使に、内閣中書舎人（従七品）の于光甲《うこうこう》を副使に任じて往かせた。

趙新は、福建侯官の人。字は又銘《ゆうめい》。号は古彝《こい》。咸豊の進士。『続琉球国志略』の著がある。

于光甲は、天津滄州の人。咸豊の進士。編修となった。

同治五年（一八六六）四月二十二日、福州到着。六月九日、開洋。二十一日、那覇入港。二十二日、登岸。七月二十日、尚育を諭祭。八月二十八日、尚泰を冊封。十一月十日、那覇開洋。十六日、五虎門着。十九日、福建省城に入った。

日本の明治政府は、欧米の外圧に対する危機意識から、琉球の完全な領有を意図した。

明治十二年（一八七九）に、琉球は日本領土に編入された。これについては、喜舎場朝賢の『琉球見聞録』（ぺりかん社、一九七七年）の一読をおすすめする。『清史稿』には、（光緒《こうちょ》）五年（一八七九）、日本が琉球に侵入して、これを滅ぼし、平定して沖縄県にし、その王と世子《せいし》を捕虜にして引き揚げた。総理府では、清国の服属国を滅ぼしたため、日本を詰問したが、日本はこれを拒《こば》んだ。

と、記す。中国から見れば、薩摩の琉球侵略とまったく同じことを、日本が繰り返したのである。光緒《こうちょ》六年（一八八〇）にこう記す。

これによって、琉球は遂に亡びた。

冊封琉球使録

明代使録

使録成立

中山《ちゅうざん》王の冊封《さくほう》だけでいえば、明代一五回、清代八回の冊封使派遣のうち、明末の杜《と》・楊《よう》使録が書かれたとすると、一二冊の冊封琉球使録《さくほうりゅうきゅうしろく》が著わされた。琉球以外の国の冊封事例とくらべて、このように使録が書き継がれていることが、琉球のなによりの特徴である。

使録が成立した第一の理由は、時間的なゆとりであろう。陸路の出使や、船旅にしても、沿岸の航海で、いつでもどこでも停泊できる場合は、冊封礼が終れば、すぐに帰途につく。琉球の場合、夏至のころの南からの季節風に乗じて、福建《ふっけん》から那覇へ渡航し、冬至のころの北からの季節風に乗じて、那覇から福建へ帰航した。七宴というのも、その滞琉の長さを慰めるものでもあった。その気になれば、使録を書くゆとりは十分にあった。明代の使録の序が、帰航して到着した福州城で書かれているのが、印象的である。

それまでの琉球に関する文献の乏しさと、その出鱈目《でたらめ》さもまた、使録成立の理由である。『元史《げんし》』の瑠求《りゅうきゅう》伝に、落漈《らくせい》が琉球付近にあり、水が海中に流れ込んでいて、そこへ漂着すると、生還できるのは百に一つだと書いてある。冊封使はみな、落漈を最も恐れたが、往還を繰り返している琉球の船員は、落漈は知らなかった。私自身、明代の琉球に関する資料をほぼ集めたが、明末になっても、使録以外に琉球を正しく記したものは、ほとんどない。真実の琉球の姿を伝えなければ、という意志が、使録を書かせた一因である。

生命をゆだねるべき封舟や船員について、また航路について、次使への申し送りが、使録成立の一因になっている。封舟の造船にあたって、担当の官員や吏員に、規格にかなった封舟を作らせることは、容易ではなかった。地方官が採用する福州の船員は、貨物を持ち渡り、琉球で一儲《ひともう》けしようとする連中ばかりで、船の操作もわからぬ連中も少なくなかった。信頼できるのは、漳州《しょうしゅう》から徴用した船員だけであった。造舟と用人こそは、冊封使の命にかかわる重大な仕事であった。

尚真は五〇年間在位した。陳侃《ちんかん》が出使する際、礼部《れいぶ》では、過去の火災のために、琉球の冊封に関する資料はなくなっていた。福建布政司の文書は、湿気のために、ボロボロであった。故老を探して、何とか封舟についての情報は得られはしたが、航路や、琉球での儀礼については、情報はまったく得られなかった。「この思いを、次使にはさせるまい」という強い意志のもとに、最初の使録が書かれた。

冊封《さくほう》琉球《りゅうきゅう》使録《しろく》について、夫馬進編『使琉球録解題及び研究』（榕樹書林、一九九九年）に、余すところなく、すべて見事に丁寧に書かれており、私自身、それに加えてもはや何を書くこともない。使録の訳注という地味な作業を独りで続ける者として、作業余滴《よてき》のようなものを記しながら紹介することとする。

陳侃使録

○『使琉球録』（一五三四年、自序）一巻。

明代の使録は同名のため、区別するのに、陳侃《ちんかん》使録《しろく》・陳使録・甲午《こうご》使録という。原刊本は台北の国立中央図書館にある。

自序・詔勅《しょうちょく》類・使事紀略・群書質異・天妃霊応記・夷語《いご》付・夷字付・題本奏本・高澄の後序、から成る。

使事紀略は、実録風に、福州につき、造舟し、琉球へ往還した内容を記している。次使への情報が、ぎっしりと濃縮された部分である。

群書質異は、陳侃が出使までに読んだ文献が、琉球について、どれだけ出鱈目《でたらめ》であるかを検討している。挙げている文献は、『隋書』から一歩も出ない程度のものばかりである。夷語付は、琉球語に関する文献としては、申叔舟《しんしゅくしゅう》『海東諸国紀』(一四七一年、自序)に次ぐ古いもので、言語学の研究者から、非常に尊重されている。夷字付は、「いろは」文字を記しているのだが、私には、陶宗儀『書史会要』巻八の日本国の字母の転用としか思えない。

題本と奏本は、ともに臣下が皇帝に呈進する文書のことである。題本は、紙質が粗で、文字はやや大きく、呈上者の印をおし、公事に関する内容に用いた。奏本は紙質も文字もこまかく、印は必要ではなく、私事に関する内容に用いた。清《しん》代になり、乾隆《けんりゅう》年間からは、上書は公私の別なく題本の形式を用い、緊急非常の内容を奏本とした。

中国官員にとって、まして天使として皇帝に文書を呈上することは、無上の光栄であり、自分にとっても、子孫にとっても、永遠に記念すべきものであった。詔勅類の対極に題本・奏本をおいているのは、単なる資料としてではない。

郭汝霖使録

○『重編使琉球録』(一五六一年、自序)上下二巻。

郭汝霖《かくじょりん》使録《しろく》・郭使録・辛酉《しんゆう》使録ともいう。副使の李際春《りさいしゅん》と共著の形にし

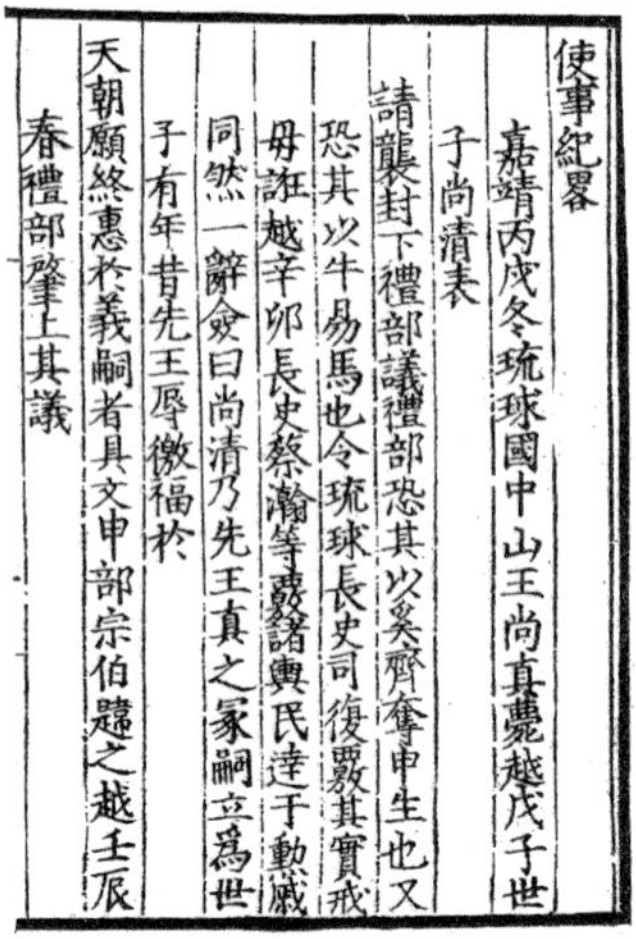
使事紀畧
嘉靖丙戌冬琉球國中山王尚真薨越戊子世
子尚清表
請襲封下禮部議禮部恐其以奚齊奪申生也又
恐其以牛易馬也令琉球長史司覆覈其實戒
毋誑越辛卯長史蔡瀚等覈諸輿民達于勳戚
同然一辭僉曰尚清乃先王真之冢嗣立爲世
子有年昔先王辱徼福於
天朝願終惠於義嗣者具文申部宗伯韙之越壬辰
春禮部肇上其議

図4　陳侃『使琉球録』

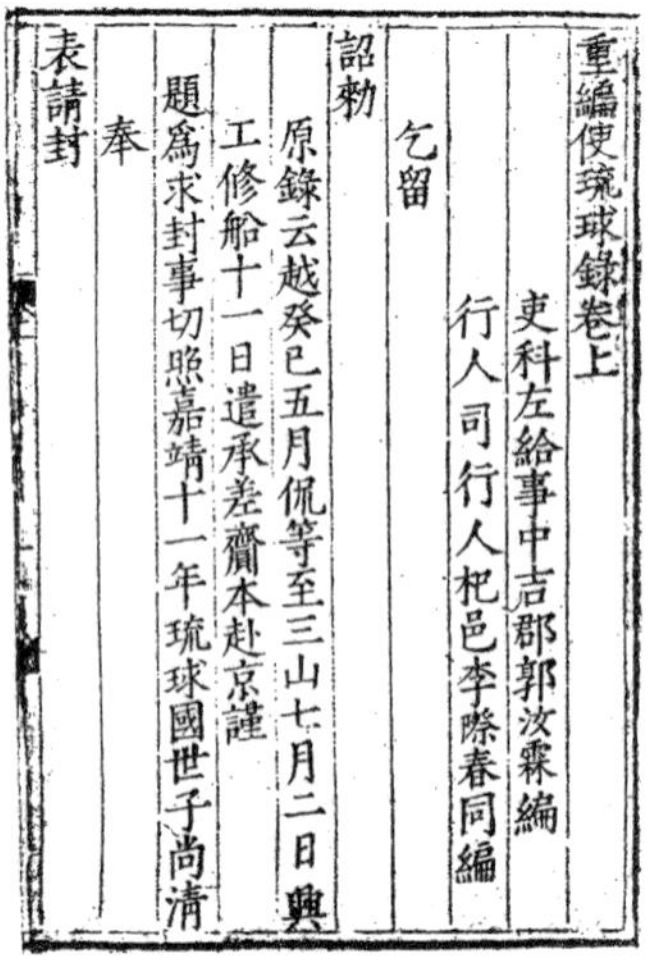
重編使琉球録卷上
吏科左給事中吉郡郭汝霖編
行人司行人杞邑李際春同編
乞留
詔勅
原錄云越癸巳五月侃等至三山七月二日興
工修船十一日遣承差齎本赴京謹
題爲求封事切照嘉靖十一年琉球國世子尚清
奉
表請封

図5　郭汝霖・李際春
『重編使琉球録』

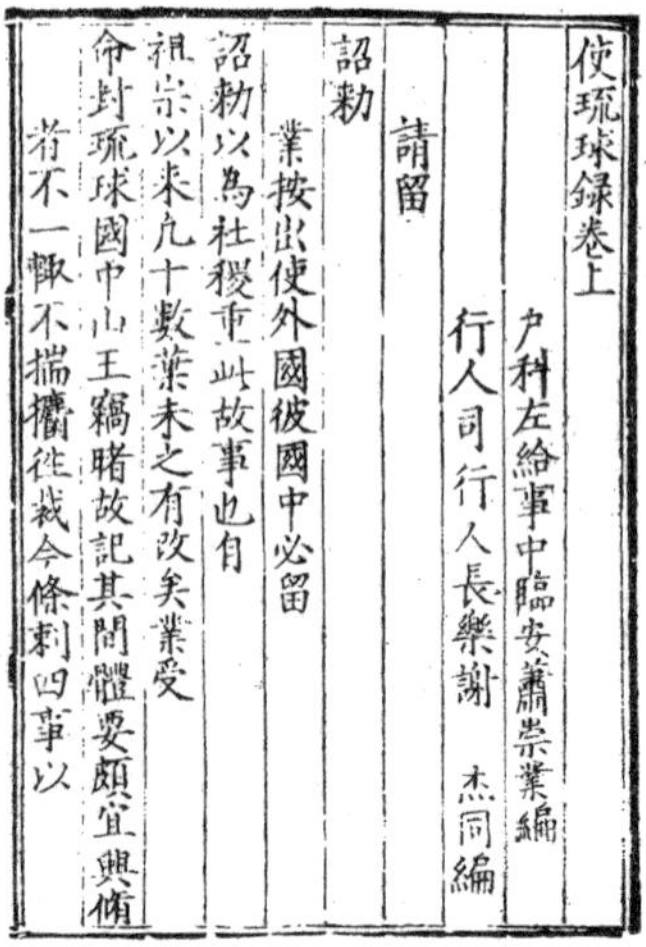
使琉球録卷上
戸科左給事中臨安蕭崇業編
行人司行人長樂謝杰同編
請留
詔勅
業按出使外國彼國中必留
詔勅以為社稷重此故事也自
祖宗以來凡十數葉未之有改矣業受
命封琉球國中山王竊睹故記其間體要頗宜興脩
者不一概不揣僭徙裁今條剌四事以

図6　蕭崇業・謝杰『使琉球録』

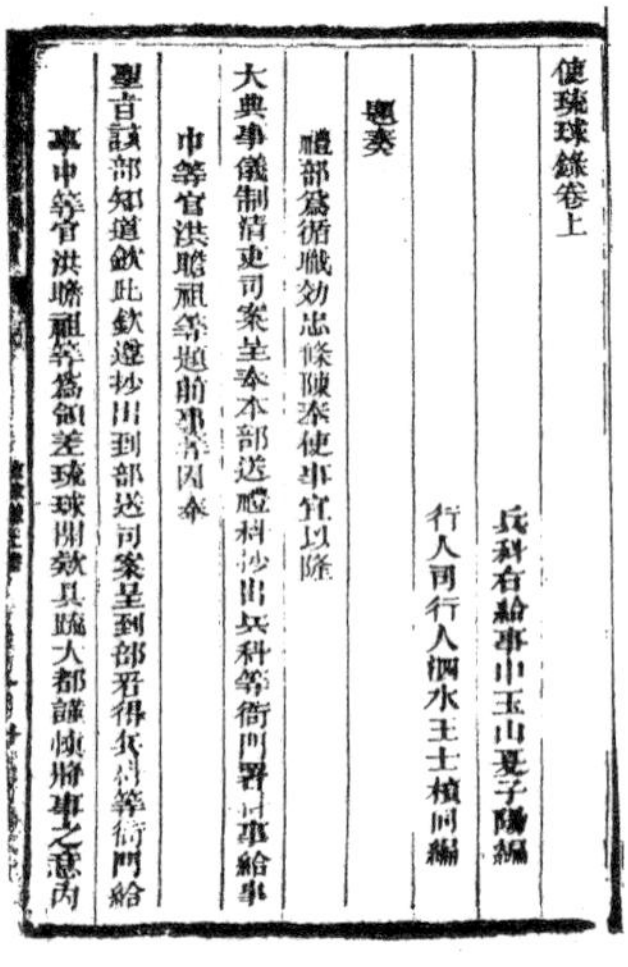
使琉球錄卷上
兵科右給事中玉山夏子陽編
行人司行人泗水王士楨同編
題奏
禮部爲循職効忠條陳奉使事宜以隆
大典事儀制清吏司案呈奉本部送禮科抄出兵科等衙門署科事給事
中等官洪瞻祖等題前事等因奉
聖旨該部知道欽此欽遵抄出到部送司案呈到部看得兵科等衙門給
事中等官洪瞻祖等爲飭差琉球開欵具疏大都謂慎肅事之意內

図7　夏子陽・王士楨
『使琉球録』

琉球記 并引

臥廬胡靖著

人生遇合緣也歷名山巨川尤緣也至
於身居中土俄而履異域飽閱異域之
山川風景尤緣之最奇者也緣奇則傳
地奇則傳此琉球記所由作耳余壬申
冬遊金陵歸明年春癸酉讀書曹觀察
先生三石亭時循呫嗶攻舉子業每讀

図８　胡靖『琉球図記』

使琉球紀

琉球東海小國也唐宋以來世奉正朔王姓尚名質
自明季請封未果使者留滯閩中順治三年福建平
通事謝必振至江寧具投經略洪承疇轉送進
京禮部　題勅印未繳不便遣封必振取繳勅印飄
流日本十一年七月始來部請冊封循舊典應差科
員行人學禮與今副使王垓實膺是選
召對太和殿正副使俱　賜一品麒麟服玉帶東珠
頂　賜御酒勅印差官護送前往辭　朝蒙

図９　張学礼『使琉球紀』

使琉球雜錄卷一

翰林院檢討臣汪楫篹

使事

康熙二十一年中山王世子尚貞遣耳目官毛見
龍正議大夫梁邦翰奉表貢方物以其父中山王
質之喪來告貞以嫡嗣當襲請授封禮臣議航海
道遠應如暹羅例不遣官郵封儀物勅貢使齎回
便見龍等搏顙固請禮臣持不可

図10　汪楫『使琉球雑録』

中山傳信錄卷第一

冊封琉球國王副使　賜正一品麟蟒服翰林院編修加二級臣徐葆光纂

封舟

從前冊封以造舟爲重事歷考前冊採木各路騷動
夫役開廠監造縻費官帑奸吏假手爲弊無窮經時
累歲其事始舉自前明以至
本朝冊封之始其煩費遲久前後一轍也康熙二十一
年使臣汪楫林麟焻即取現有二戰艦充之前弊始
絕至今三十餘年區宇昇平海濱利涉沿海縣鎮巨

図11　徐葆光『中山伝信録』

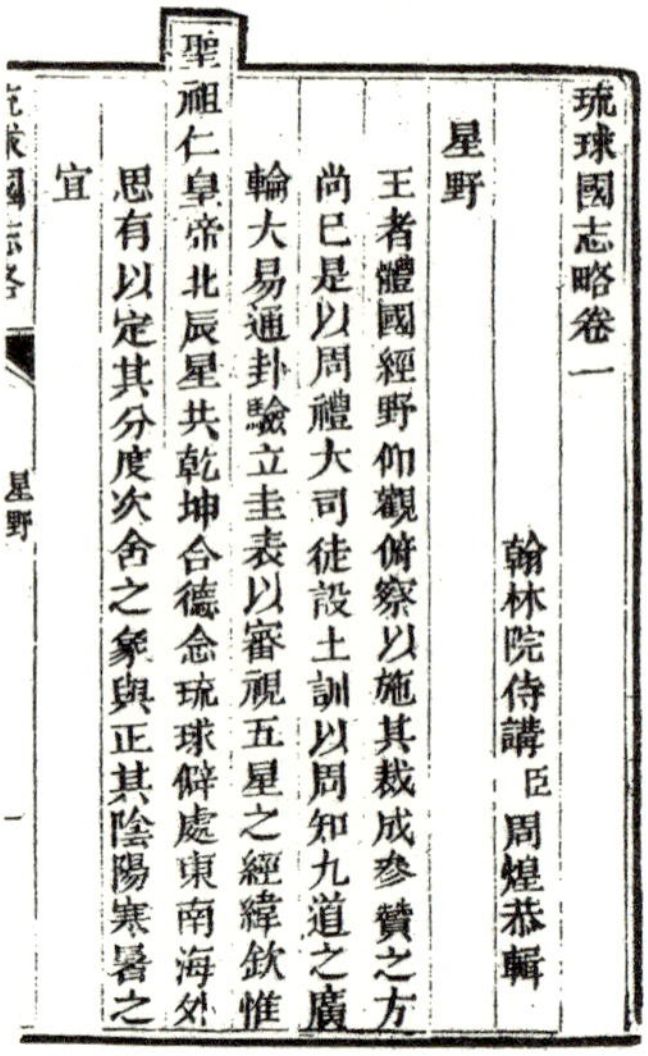
琉球國志略卷一
翰林院侍講臣周煌恭輯
星野
王者體國經野仰觀俯察以施其裁成參贊之方
尚已是以周禮大司徒設土訓以周知九道之廣
輪大易通卦驗立圭表以審視五星之經緯欽惟
聖祖仁皇帝北辰星共乾坤合德念琉球僻處東南海外
思有以定其分度次舍之象與正其陰陽寒暑之
宜

図12　周煌『琉球国志略』

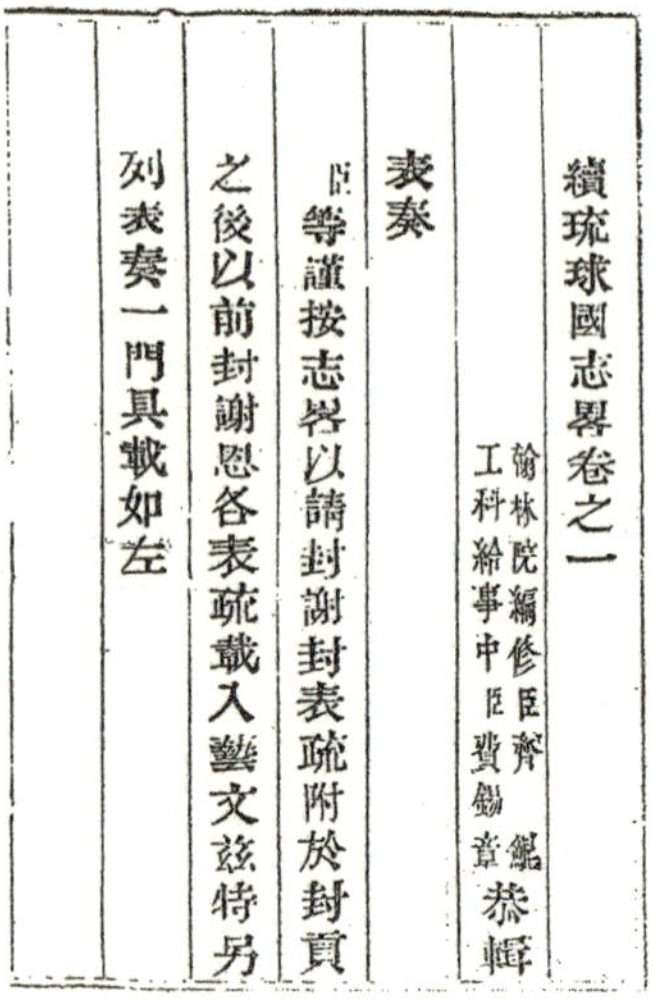
續琉球國志略卷之一
翰林院編修臣齊鯤
工科給事中臣費錫章　恭輯
表奏
臣等謹按志略以請封謝封表疏附於封貢
之後以前封謝恩各表疏載入藝文茲特另
列表奏一門具載如左

図14　斉鯤・費錫章『続琉球国志略』

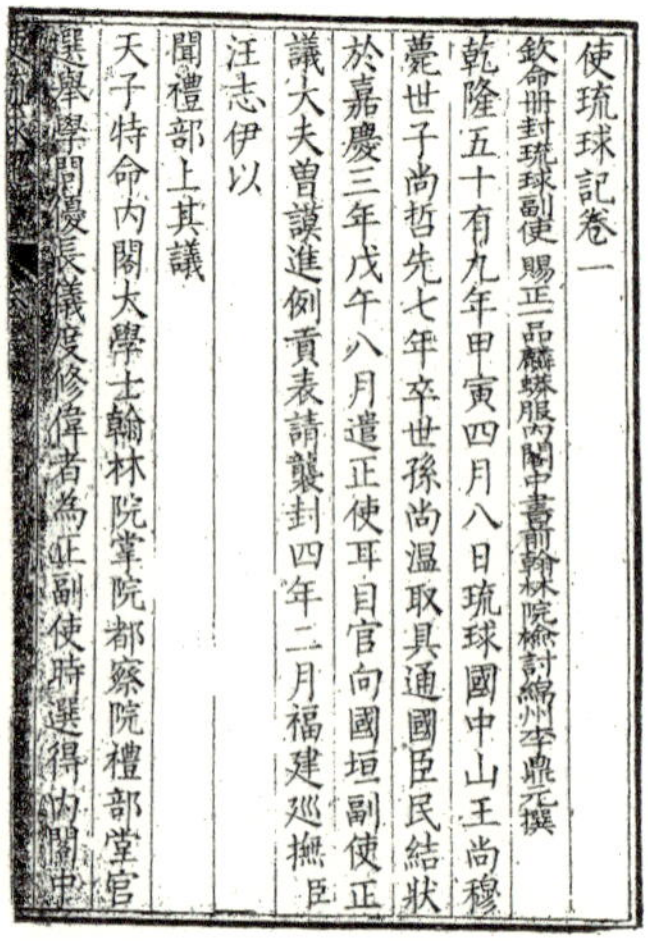
使琉球記卷一
欽命冊封琉球副使賜正一品麟蟒服內閣中書前翰林院檢討綿州李鼎元撰
乾隆五十有九年甲寅四月八日琉球國中山王尚穆
薨世子尚哲先七年卒世孫尚温取具通國臣民結狀
於嘉慶三年戊午八月遣正使耳目官向國垣副使正
議大夫曾謨進例貢表請襲封四年二月福建巡撫臣
汪志伊以
聞禮部上其議
天子特命內閣大學士翰林院掌院都察院禮部堂官
選舉學問優長儀度修偉者為正副使時選得內閣中

図13　李鼎元『使琉球記』

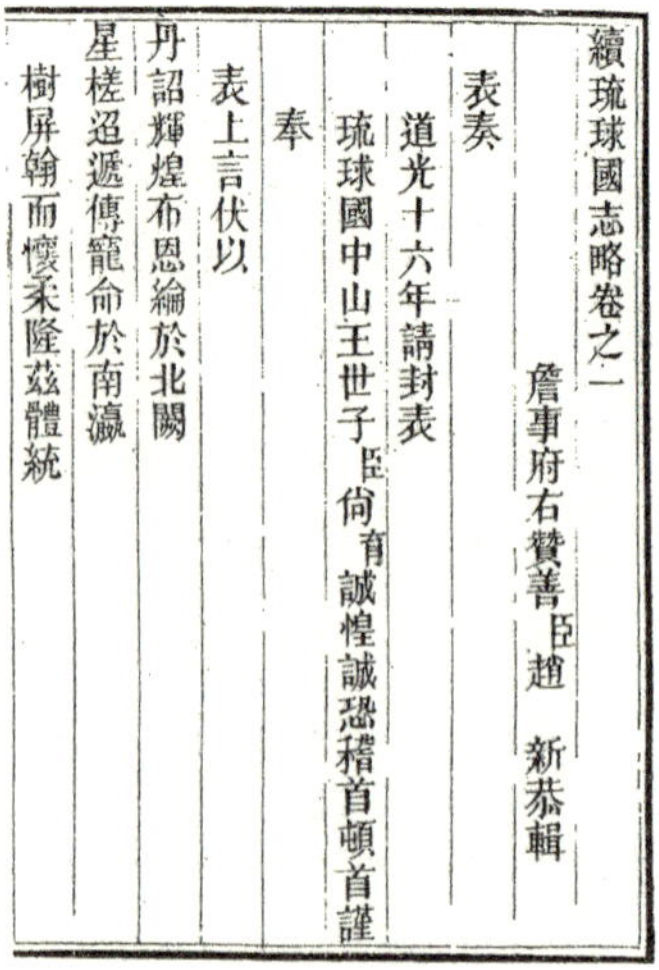
續琉球國志略卷之一
詹事府右贊善臣趙新恭輯
表奏
道光十六年請封表
琉球國中山王世子臣尚育誠惶誠恐稽首頓首謹
奏
表上言伏以
丹詔輝煌布恩綸於北闕
星槎迢遞傳寵命於南瀛
樹屏翰而懷柔隆茲體統

図15　趙新『続琉球国志略』

ているが、内容的には郭汝霖が書いたと感じとれる。原刊本はアメリカ議会図書館にある。陳使録をベースにして、自分の出使の記録をそれに加える形にしている。したがって、構成は陳使録と同じであるが、使事紀略の部分は、詔勅の請留・使事紀・礼儀・造舟・用人・敬神と、内容を整理したうえで、書き分けている。明代使録は、以後、すべてこの形になる。

陳侃・郭汝霖・柴山《さいさん》・潘栄の文章が集められていることも、その後の使録編集の刺激になったことであろう。

群書質異で、はじめて歴代冊封正副使の名をあげたことは注目される。誤った部分があって、それが、琉球の史書を誤らせることともなったのだが、少なくとも、当時の琉球側の資料が、こうした形で提出されている。『明実録』とちがった部分は、特に価値が高い。

蕭崇業使録　○『使琉球録』（一五七九年、自序）上下二巻。付『皇華唱和詩』一巻。蕭崇業使録《しょうすうぎょうしろく》・蕭使録・己卯《きぼう》使録ともいう。副使の謝杰《しゃけつ》と共著の形をとっている。本書から、琉球への渡海図が掲げられるが、本書の渡海図は、秀れている。高澄《こうちょう》の『操舟記』が収録されており、陳使録には見られない、造舟や航海の実況を浮かび上らせている。

使事紀以下の各項は、陳侃以後のものをすべて挙げ、比較しやすいように工夫されている。それと、各項のはじめに、「蕭崇業曰く」として、著者の存念を格調高く述べており、学識の奥深さがしのばれる。

『皇華唱和詩』は、蕭崇業と謝杰の出使時の詩の唱和である。皇華とは、『詩経』の「皇皇者華」にちなむ言葉で、キラキラと輝く花、つまり君王の使者をいう。

夏子陽使録

○『使琉球録』（一六〇六年、自序）上下二巻。

夏《か》子《し》陽録《ようろく》・夏使録・丙午《へいご》使録ともいう。会稽《かいけい》夏氏宗譜所収刊本があり、台北の国立中央図書館本は、宗譜刊本を筆写したものである。刊本には乱丁の個所があり、筆写本はその部分に「紀中の言葉に混乱が多い」と注している。私の訳注書に付した原文は、正しく復元してある。

構成は蕭使録と同じである。本書には、高澄《こうちょう》『操舟記』、謝杰《しゃけつ》『琉球録撮要補遺』、夏子陽『瑣言二条』が収録されており、琉球にとって、きわめて重要な資料である。

謝杰の『撮要補遺』は、わざわざ訪ねて来て、琉球出使の教えを乞うた夏子陽のために、新たに謝杰が書いたものと推測されるが、その「原委」に、

琉球は、古代は流虬《りゅうきゅう》の地であった。万濤の間を介して遠く望むと、うねうねくねく

ねとして、虬《みずち》が水中に浮んでいるかのようであった。それゆえ、流虬と名づけ、その後、さらに琉球と名づけたのである。

と、ある。これが、流虬の語の最初の文献である。

向象賢《しようぞうけん》の『中山世鑑《せいかん》』（一六五〇年、自序）は、夏使録の影響を色濃く受けているが、この流虬についても、『隋書』流求国と牽強付会《けんきようふかい》し、

この時、隋使の羽騎尉の朱寛が、はじめてこの国に至る。万濤の間より、この地を見れば、虬龍の水に浮ぶが如し。是によって、隋の人は、流虬とは名付くるなり。

と、デッチあげた。

他方、陳仁錫《ちんじんせき》も『皇明世法録』に、

ある人がこんなことを言っている。古《いにしえ》は、流虬といった。その地が万濤にくねくねとみえ、虬が水中に浮んでいるようなので、こう名づけられた。その後転じて、これを琉球といった。

と、早速、引用している。これを寺島良安《てらじまりようあん》が『和漢三才図会《わかんさんさいずえ》』に、

世法録に云う。古は流虬となす。地界万濤えんえんとして、虬が水中に浮んでいるかのようなので、名付けられた。

と、引用して、日本中に広まった。曲亭馬琴《きょくていばきん》も、『椿説弓張月《ちんせつゆみはりづき》』に引用している。

従客胡靖録

崇禎《すうてい》六年（一六三三）の尚豊《しょうほう》の冊封使の杜三策《とさんさく》と楊掄《ようろん》の使録は、まだ発見されていない。郭使録にしても、もしアメリカ議会図書館になければ、私たちの目には触れなかったのである。使録ではないが、私の所蔵する蔡文溥《さいぶんぷ》『四本堂詩文集』（一七五五年、序）刊本にしても、新しい本であるのに、現在、存在が知られているのは、私の所蔵本だけなのである。杜楊使録《とようしろく》の名は、『歴代宝案』の目次にだけ、その第一集・琉球録・巻之四十八としてあげられている。他日の発見を待ちたい。

『琉球国由来記』（一七一三年、序）巻九に、「欽差の杜公の録に、湖東に沿ってゆくと、丘の中腹に天妃新廟がある、とある」と書かれている。だが、この文章は、従客《じゅうきゃく》の胡靖《こせい》の『琉球図記』の、記の部分のものである。

○胡靖『琉球図記』一巻。付『中山詩集』。

原刊本は、北京図書館にある。「記」の部分だけに注をつけた『杜天使冊封琉球真記奇観』は、ハワイ州立大学の宝玲文庫《ほうれいぶんこ》にある。

崇禎《すうてい》十七年（一六四四）に、記の部分を林蕡子《りんふんし》が出版している。恐らく、この時に王孫《おうそん》蕃《ばん》が小引（序）をつけたのであろう。順治十年（永暦七年（一六五三））四月に、『琉球図』

が完成し、『琉球記』とひとつにして、『琉球図記』が刊行されたと思われる。

汪楫《おうしゅう》は、「胡靖が刊行した『琉球図記』は、でたらめで、間違いばかりで、百に一つの真実もない」と、クソミソであるが、公的な立場ではない、自由な書き方に、逆に親しみと、真実さとを感じさせられる。

『琉球図』の影響はきわめて大きい。長虹橋・石筍岩《せきじゅんがん》・演武場・龍岡・虎崒《こすい》など、その後の使録の記載の原点になった画注がちりばめられている。胡靖をクソミソに言っている汪楫にしても、録中には、長虹橋・石筍崖《せきじゅんがい》・演武場の名は用いている。

清代使録

張学礼使録

○『使琉球紀』（一六六四年、序）一巻。

○『中山《ちゅうざん》紀略』（一六六四年、自署）一巻。

いずれも小品で、呉震方《ごしんぽう》『説鈴』前集（一七〇五年）に収録されている。また、山東省図書館蔵本が、『四庫全書存目叢書』史部第一二八冊に収録されている。

汪楫《おうしゅう》によると、張学礼《ちょうがくれい》が帰任後、使録を出版したが、知人に「海外のことを大袈裟に振り撒いているだけさ。証明する者もなく、何も言われないからな」と、批難されたので、版木を壊してしまった、とのことである。

『使琉球紀』は、明代使録の使事紀略に相当する。日記風に、きびきびと、琉球往還を記し、北京で、琉球の謝恩使とともに、聖祖に復命と謝恩をしたことを述べている。却金した黄金は、聖祖の命により、正副冊封使《さくほうし》に受領せしめた。清朝では、これが例となった。『中山紀略』は、明朝使録の群書質異と夷語付の部分に相当する。風俗・官制・刑罰・衣服・言語・市・王城・玉陵・先王廟・七宴・供応・従客《じゅうきゃく》などを、さらりと書いている。武藤長平《むとうちょうへい》は『西南文運史論』（岡書院、一九二六年）で、「先ずその海上の叙景の筆致頗《すこぶ》る巧妙なるものあるに驚く」「その風俗を叙する筆致はかなり老練なものがある」「叙景も大いに妙である」「極めて簡素で、しかも紘外に余韻ありとでも評すべき文である」とベタ褒《ぼ》めである。よほどウマがあったらしい。

汪楫使録

○『冊封疏鈔《さくほうそしょう》』一巻。

○『中山沿革志《ちゅうざんえんかくし》』（一六八四年、自序）上下二巻。

○『使琉球雑録』（一六八四年、自序）五巻。付『中山詩文』。

『冊封疏鈔』は、琉球史の研究者の多くは無視しているが、冊封とは何か、冊封使の心意はどんなものであったか、冊封に関してどのような文書が皇帝に呈上され、皇帝がそれらをどのように裁断したか、など重要な資料がぎっしりと含まれている。六部の官員が、タテ割り機構の中で固い頭でいるのを、聖祖の一声で、関係官庁が合同会議によって解決したところなど、政治でも天才であった聖祖の一面が、よく描き出されている。琉球史にとって、実に幸せなことであった。

『明史《みんし》』の編集に参画していた汪楫《おうしゅう》が、琉球へ聖祖の命によって出使したことは、琉球史にとって、実に幸せなことであった。中国では、外国人が中国で、歴史と地理の書籍を買うことを禁じていた。まして、『実録』を買うことなど、かなわぬことであった。それまで、琉球の史書といえるものは、向象賢の『中山世鑑《せいかん》』だけであった。しかし、歴史というよりは、物語と史実とが、未分化のまま混在しているようなものであった。

汪楫は、『明実録』と、琉球で入手した『琉球世纘図《せいさんず》』とによって、中国側の日付のはっきりとした、琉球の史書を完成した。それが『中山沿革志』である。『冊封疏鈔』に、

内閣を通じて、臣等が『沿革志』と『雜録』の二書を編著して、進上し奉るようにとの、陛下の御下命をいただきました。

と、あるように、聖祖は、琉球の歴史を知ろうとしており、汪楫が、それに応《こた》えたのである。清朝以前の、日付の明確な琉球史の資料は、実は、ほとんどが汪楫のこの著に負《お》っている。それだけに、ごくわずかな汪楫の誤りを、最近の著書までが引き継いでいて、一向に考訂《こうてい》する気配さえもない、というのが実情である。逆に、このことからも、汪楫の偉大さが知れよう。

『雑録』は、使事・疆域・俗尚・物産・神異の五巻より成る。『中山伝信録』が、琉球の百科事典として、広く愛読され、汪楫雑録が閑却されがちであるが、私は、客観的で簡潔に書かれたこの雑録を深く愛している。琉舞の入子踊《いりくうどうい》は、玉城朝薫《たまぐすくちょうくん》の創作ではなく、汪楫がすでに見ていることがわかり、琉球芸能史上でも、貴重な資料なのである。

徐葆光使録

○『中山伝信録』（一七二一年、自序）六巻。付『中山贈送詩文』。

本書は、次のような構成である。巻一は、封舟と航海、媽祖《まそ》の霊験。巻二は、儀礼。巻三は、封貢。巻四は地誌。巻五は官制・制度。巻六は、風俗・物産・言語。従客の陳利州《ちんりしゅう》が描いたとされる挿絵の数々と相俟《ま》って、冊封使録の白眉《はくび》、琉球の百科事典と称されている。

本書は、中国で広く読まれ、中国人の琉球観の形成に役立った。日本にも、中国刊本が大量に輸入されたばかりでなく、返り点送り仮名を付けた重刻本が日本で刊行され、わが国でも広く愛読された。琉球の慶賀使や謝恩使が江戸へ行く時、女性よりも美しい楽童子が多数同行することや、明朝の冠服の物珍しさもあって、当時の沿道や江戸の人々は、琉球ブームにわきにわき、続々とキワモノ出版が相次いだが、ほとんどすべてが、本書からネタを仕入れている。

フランス人のアントワン・ゴビルが、一七五二年に、本書を仏訳し、それが一七八一年に発表された。当時のヨーロッパでは、これが唯一の琉球に関する資料で、欧米の人々に強烈な印象を与えた。影響力の広さと深さからいえば、本書にまさる使録はない。

私自身、最も不思議に思うのは、人の出会いということである。冊封使饗宴の際に上演する芸能は、琉球では御冠船踊《うくわんしんうどぅい》とよび、宮廷舞踊の粋であった。この時、踊奉行になったのは、不世出の天才とも、劇聖とも称される玉城朝薫《たまぐすくちょうくん》であった。組踊《くみうどぅい》という、いわば琉球の能楽は、朝薫が創作した。徐葆光《じょほうこう》は、これらの芸能を、極めて詳細に本書に書き留めた。本書は、琉球芸能をくわしく、しかもその名称をつけて記述した、最も古い文献なのである。したがって、琉球の芸能史は、本書をぬきにしては成立しない、といっても過言ではない。琉球芸能史に興味のある方は、矢野輝雄『沖縄芸能史話』（榕樹書林、一九九三年）を一読されたい。この本にも、徐葆光の記述がふんだんに盛り込まれている。もし、この時の冊封使が、次使の周煌《しゅうこう》であったら、と思うだけでも、背筋が寒くなる。

周煌志略

○『琉球国志略』（一七五九年、初刊）一六巻。

本書は、中国では、武英殿聚珍版という官版の形でも刊行され、広く読まれた。日本でも、天保二年（一八三一）と三年に、昌平坂学問所で重刻され、やはり官版の形で刊行された。天保三年、豊《と》見城《みぐしく》王子が江戸へゆく、琉球ブームの中での刊行であったが、葛飾北斎《かつしかほくさい》もまた際物《きわもの》の「琉球八景」の版画を刊行している。この「琉球八景」は、本書の挿画をそのままひきうつし、着色したものである。

本書は、清代に盛んに編集されるようになった方志《ほうし》の形をとって編集されている。その構成は、首巻が詔勅類と図絵。巻一、星野《せいや》。巻二、国統。巻三、封貢。巻四上、輿地。巻四下、風俗。巻五、山川。巻六、府署。巻七、祠廟寺院。巻八、勝蹟。巻九、爵秩《しゃくちつ》。巻一〇、賦役。巻一一、典礼。巻一二、兵刑。巻一三、人物。巻一四、物産。巻一五、芸文。巻一六、志余、である。みずから一〇万余首の詩作をした高宗乾隆帝《こうそうけんりゅうてい》の好みを反映して、各所に詩をちりばめ、巻一五の芸文に最も力を入れている。反面、民俗はすべて引用文だけですませるなど、目配りが一方的である。

琉球側が、心をこめて供覧した御冠船踊《うくわんしんうどうい》にしても、徐葆光とはうってかわり、

すべて、みだらな声でいやしく、鞮韈《ていろう》氏が採用するものではない。

の一言で、切り捨てている。鞮韈氏とは、外国の音楽を担当する周官《しゅうかん》である。明《みん》王朝では、北京の宮廷の大宴会で、「撫安四夷之舞《ぶあんしいのまい》」が上演され、四人の女性の踊り手が、琉球音階の楽にあわせて、花織手巾《はなういていさあじ》を持って舞ったことなど知らなかったから、こんな偉そ

うなことが書けたのである。

○『使琉球記』（一八〇二年、序）六巻。

本書は、日記形式である。次のような構成をとる。巻一、任命から楊州まで。巻二、福州まで。巻三、開洋から諭祭《ゆさい》まで。巻四、陳都司の死、冊封礼など。巻五、波上観潮その他。巻六、拝辞と望舟の宴、那覇開洋、福州登岸。

本書の愛読者は実に多い。武藤長平は、『西南文運史論』で、『伝信録』と『国志略』とを地図と仮定するならば、『使琉球記』は絵画である。琉球の山容水態は、却《かえ》って後者に手際よく描写されている。

と、いい、東恩納寛惇《ひがしおんなかんじゅん》は、『植杖録』で、

私がここに特にこの一項を立てたのは、歴代使録中、最も李録を愛し、その著者李墨荘先生を愛敬してゐるからである。

と、述べている。

李鼎元使記

冊封使の日々の行動がよくわかり、本書は、楽しい。北京から福州の旅にしても、地誌が深く読みこまれたあとがあり、新鮮な感動を覚えさせられる。そして、読んでいるうちに、李鼎元《りていげん》の人柄にひかれるとともに、このように清らかで、行動力のある人は、中国の官員としては、出世しないタイプなのだろうな、との思いもしてくる。それほどに、ぐんぐんと読む者を引きこむ力をもった文章である。私もまた、愛読者として、人後に落ちぬつもりである。

清の沈復《しんふく》の『浮生六記』は愛読者が多い。全六巻のうち、巻五と巻六が失われている。巻五は「中山紀歴」である。沈復が、誰かの従客として琉球へ行って、それを書いたとすれば、その逸失は惜みても余りある。ところが、一九三五年、完全本『浮生六記』が出版された。巻五・六が発見されたというのである。巻五の「中山紀歴」は、趙文楷《ちょうぶんかい》の従客となった沈復が、渡琉してその日々を記したものであった。私は、香港上海印書館の完全本を持っているが、完全に李使記の剽窃《ひょうせつ》なのである。誰かが、李使記から、『浮生六記』の巻五をデッチあげたに相違ない。この剽窃改竄《かいざん》事件は、中国文学の研究者には広く知られているのだが、歴史関係者には案外知られていないので、ちょっと触れておく。

斉鯤志略

○『続琉球国志略』（嘉慶刊本）五巻。

斉鯤《せいこん》と費錫章《ひせきしょう》の共著で、次の構成からなる。首巻、詔勅類。巻一、表奏・国統。巻二、封貢・典礼・学校・政刑・官制・府署。巻三、祠廟・風俗・人物・物産・針路・霊蹟。巻四、芸文上。巻五、芸文下・志余。それぞれの巻に多くのタイトルがあることは、各タイトルの内容が簡略であるということである。過不足のない、行き届いた記述だと、私には感じられる。周煌《しゅうこう》志略の続編という気持をこめてつけられた書名であるが、立派に独立した一書である。

芸文の冒頭に、国王尚温《しょうおん》の「国学訓士子諭」をあげている一事をみても、周煌志略にはない、琉球へのあたたかい眼差しが感じられる。その注に、尚温が、国学の講堂に「海邦養秀」の額をあげたことと、尚温の聯《れん》の言葉が加えられている。芸文に、周煌の「中山賦」がある。まるで『伝信録』のダイジェストである。武尚清は、この賦が、琉球の歴史・地理・社会・自然などに関する貴重な資料を提供している、と評価しているようだが、もしそうなら、『伝信録』をこそ讃えるべきではないか。

趙新志略

○『続琉球国志略』（一八八二年、自序）二巻。

次の構成である。首巻、詔勅類。巻一、表奏・国統。巻二、封貢・風俗・典礼・人物・学校・物産・政刑・針路・官制・霊蹟・冠帯・府署・祠廟。

斉鯤《せいこん》志略《しりゃく》に追加するものがなければ、すべてそれにゆずる、という編集なので、非常にさっぱりとした志略である。ところが、注目されるのは、官制の記述の素晴らしさである。清初の中山王府《ちゅうざんおうふ》の官制は、蔡応瑞《さいおうずい》・蔡鐸《さいたく》・程順則《ていじゅんそく》の『中山王府官制』と、それを下敷きにした『伝信録』巻五「官制」がすぐれている。そして、清末の中山王府の官制は、本書がきわだっている。しかも、清初のものよりも、はるかに琉球風の名称をとり入れている。家譜資料から、趙新《ちょうしん》に官制を教えた久米村《くにんだ》の人名を探し出すことを、今後の楽しみにしている。本書の「官制」と、喜舎場朝賢《きしゃばちょうけん》『東汀随筆』第八・九回を合わせると、解体前の琉球国の官制のおおよそは知ることができる。

琉球王国は、明治政府により解体された。本書は、中山王府の最後の形見なのである。

琉球往還

開洋まで

使録を中心に、明清《みんしん》時代、冊封使《さくほうし》が任命され、琉球を往還《おうかん》する状況を、やや具体的に記す。

告訃

『大明集礼《だいみんしゅうれい》』に、告訃《こくふ》の儀注《ぎちゅう》がある。尚巴志《しょうはし》の時と仮定して、紹介する。

告訃の使者が京に着くと、祭祀《さいし》と礼楽を担当する太常寺《たいじょうじ》は、各官庁に通告する。西華《せいか》門《もん》の北に、南に向けて天幕を張り、中に御座《ぎょざ》を設け、白い褥《しとね》をおく。当日、喪服の白い服を着用した文武百官《ぶんぶひゃっかん》は、天幕の東西に向いあって侍立《じりつ》する。式典を進行する引礼は、使者を案内して西華門から入り、天幕の西に立たせる。皇帝は喪の白い服を着用して輿《こし》に乗り、天幕に着く。奏楽位《そうがくい》は準備するが、喪のため奏楽しない。太常寺卿（正三品）は跪《ひざまず》

き、

「琉球国中山王世子《ちゅうざんおうせいし》は、陪臣《ばいしん》の長史《ちょうし》の梁 求保《りょうきゅうほ》を遣わし、中山王の臣尚巴志が薨じましたことを奏しておりまする。」

と、奏上する。引礼は使者を導いて、拝位に就かせる。礼の合図をする賛礼が、「鞠躬《きっきゅう》・拝・興・拝・興・平身」と唱える。使者は、その通りの礼を皇帝に行なう。承制官は、進んで跪き、制《みことのり》をうけたまわる。承制官が「有制」と言うと、使者は跪く。

「皇帝は下問あそばされる。おんみ琉球国中山王の尚巴志は、いかなる疾《やまい》を得て逝《みまかり》しか、と。」

と、承制官は制を述べる。使者は、王の最後の情況を皇帝に言上する。賛礼《さんれい》は「俯伏《ふふく》・興・平身」と唱える。使者はその礼をする。承制官は、「宣制は終りましてござりまする」と跪奏《きそう》する。賛礼は「鞠躬・拝・興・拝・興・平身」と唱える。使者と侍立の百官は、すべて皇帝に対してその礼をする。太常寺卿が「礼は終りましてござりまする」と奏する。賛礼は「礼は終りました」と唱える。皇帝は還御する。引礼は使者と百官を案内して、西門から出る。

発令

尚忠《しょうちゅう》の冊封以後、明では、冊封正使は六科給事中（従七品）、副使は行人《こうじん》司《し》行人（正八品）が任命された。

清代は、正副使は、内閣の典籍《てんせき》（正七品）・中書（従七品）、翰林院《かんりんいん》の侍読《じどく》（従五品）・侍講（従五品）・修撰（従六品）・編修（正七品）・検討（従七品）、六科の給事中（正五品）、礼《れい》部《ぶ》の郎中《ろうちゅう》（正五品）・員外郎《いんがいろう》（従五品）・主事（正六品）の中から選考された。各官庁に通達し、押し出しの立派な満洲と漢人の官員を推薦させ、候補者全員を皇帝に引見させて、皇帝の旨をうけて決定した。

出使が発令されると、明では、正副使に一品服一揃いが授けられた。正使の文様は麒麟《きりん》、副使の文様は霊獣の白沢《はくたく》の、大紅織金の羅《ら》の袍《ほう》が上衣である。大紅は、紅花《べにばな》のカルタミン色素で染めた色で、皇帝の許可がなければ着用できぬ、高貴な色であった。袍の上にはおる褡褳《そでなし》は、緑羅であった。正副使は、出使中は、一品の玉帯を用いることが許されるので、自分で調達した。

清では、正副使に、それぞれ正一品の蟒緞《もうたん》披領《ひりょう》袍《ほう》と麒麟の補褂《ほかい》（胸と背につけるワッペン）を授けられた。正一品の東珠帽頂《とうしゅぼうちょう》を、出使中は用いることが許されるので、自分で調達した。

白玉にしろ、淡水真珠の東珠にしろ、なかなか高価なもので、調達には苦労があったらしい。同じ官庁の人々が、金を出しあって贈ったり、高官から出使中だけ貸してもらったり、などということも記されている。玉帯や東珠帽頂を着用する人は、出使の際、従客を招いて同行することが許された。

北京では、京官三品以上が、四人かきの轎《かご》に乗ることができたが、この服装で出使する天使は、八人かきの轎で、出京することができた。

詔勅奉持

清では、冊封の詔勅は内閣で作られた。先王と海神の諭祭文は、翰林院で作られた。明代は、翰林院で詔勅の原案を書いて、皇帝に奉呈された。

『大明集礼《だいみんしゅうれい》』で、その授与の様子をみよう。

式場は奉天殿で、文武百官は朝服を着用して侍立位《じりつい》に並ぶ。前庭に奏楽位があるほかに、午門の外には、龍亭・儀仗・大楽が設けられる。引礼は、朝服の使者を前庭の西に立たせる。

皇帝は、通天冠と茜《あかね》染めの紗袍《しゃほう》を着用し、尚宝が御璽《ぎょじ》（皇帝印）を捧げて前導し、奉天殿の御座につく。礼部の官が詔と勅を捧げる。尚宝は御璽を詔と勅におす。詔には「皇帝之宝」、勅には「広運之宝」をおすのである。礼部の官は、詔と勅を御覧に入れてから、黄色の袱紗《ふくさ》に詔と勅を包み、箱に納めて机におく。

引礼は使者を導き、前庭の拝位につかせる。典儀が「鞠躬・拝・興・拝・興・拝・興・拝・興・平身」と唱える（楽おこる）。使者はその礼をする（楽やむ）。承制官は御座の前へゆき、跪いて制《みことのり》をきく。終って、扉から出て、宣制位に立って、「有制」と言う。使者は跪く。承制官は、

「皇帝の使者、おんみ余忭《よべん》と劉遜《りゅうそん》は、詔勅を奉じて琉球を冊封する。おんみは、うやうやしく朕《ちん》の命令を承るがよい。」

と言い、制を伝える。終ると、承制官は西の扉から入る。典儀は「俯伏・興・平身」と唱える。使者はその礼をする。典儀は「鞠躬・拝・興・拝・興・拝・興・拝・興・平身」と唱える（楽おこる）。使者はその礼を行なう（楽やむ）。礼部の官は、机の上の詔勅を捧げて、中扉から出る。兵士が黄蓋《こうがい》をさしかける。使者の所へゆき、詔勅を授ける（大楽が盛大に奏される）。使者は詔勅を捧げて、奉天門の中央から出て、午門の外へゆき、詔勅を龍亭に安置する。侍儀は「礼は終りましてござりまする」と奏上する（楽おこる）。皇帝は還御する（楽やむ）。百官が退出する。

『清会典《しんえてん》』では、出使に先立ち、冊封使は工部へ行って、次のようなものを受領した。

節《せつ》・節衣《せつい》・龍旗三・黄蓋《こうがい》一・御仗《ぎょじょう》二・欽差牌《きんさはい》二・粛清牌二・廻避牌二・前行牌である。前行牌を兵部へ持って行くと、冊封使の通る道を、あらかじめ琉球国まで駅伝される。これによって、沿道の駅々、福建の官庁、琉球国は、受け入れ準備をする。節は、毛や羽で作られた勅使のシンボルで、節衣はそのカバーである。孫薇は、「節衣とは節と同様で、どの冊封使も持っていき、正式な儀式に着なければならないものである」とするが、これは正一品蟒緞《もうたん》披領《ひりょう》袍《ほう》と勘違いしたのであろう。周煌志略の冊封礼のところに、「龍亭が進んで奉神門に着くと、執事は、節衣を除き、節を捧げて正使に授ける」と、節衣が節のカバーであることを明確にしている。節衣は、正式な儀式に先立って、節から取り除かれるのである。

出発にむけて

地方官三品以上と、天使の任を帯びた者は、出発に先立って皇帝に陛辞《へいじ》する。別れの挨拶である。皇帝が熱河の避暑山荘にいる時は、冊封使は、熱河へ行って陛辞した。李使記はこう書いている。

二月二十四日丁未の五更《こう》（午前五時）に、具摺《ぐしょう》してつつしんで聖訓を請いたてまつっを承った。やがて、はじめて乾清宮《けんせいきゅう》の西暖閣に召見をたまわり、謹み敬って天子の御言葉を承った。小国の立場になって、哀れみを垂れたもう大御心《おおみこころ》は、この上もなく恐れ多いことであった。

出　京

引き続き北京を出るところを、李使記でみよう。

先頭に詔勅を奉持するが、武官の背に担って先頭を進む。黄蓋をさしかけ、儀仗が従う。節がそれに続き、贈り物とお供えの諸物が続く。その後に、正副使が続くのであるが、軟輿《なんよ》に乗り、それを八人で担ぐ。前には弓持ち一人と帯刀の者一人、後には鎗持ち二人と、交替の輿担《かごか》き四人が従う。その他の者は、官物や私物を、各自が責任をもって管理するのである。

故郷が同じ官員、同年に進士になった官員、同じ職場の官員それぞれが、北京を出たばかりの所、たとえば普済堂《ふさいどう》といった所で、餞《はなむけ》をする。堂の正庭、門内、廻廊といった各所で、それぞれのグループが、盃を三巡して別れを告げるのである。琉球へは、死を覚悟しての出使であったから、別離の情はひとしおであったはずである。

宿泊する駅に着くと、正堂に香案を設け、詔勅などを安置する。その駅が所属する地方の官員が訪れて来て、手版（名刺）をさし出し、問安礼《もんあんれい》をかわす。

「陛下はつつがなくおわしますか」

「つつがなくおわします」

と、互いに礼をかわすのである。冊封使は、出使中は、正一品待遇であるから、大変な高官であった。地方の官員は、敬意を表したのである。

北京から福州までの道程は、李使記にくわしいので、それを読んでいただきたい。ゆったりとした旅情が味わえよう。

福建到着

冊封使が下命されると、礼部は福建《ふっけん》の督撫三司《とくぶさんし》に、すぐにその旨を通達し、福建から琉球へも文書で連絡された。総督と巡撫は、明代は臨時の官であったが、だんだん常置されるようになり、清代では、常設の官になった。一省または数省の行政と軍事とを統轄した。承宣布政使司《しょうせんふせいしし》（一省の行政担当）、提刑按察使司《ていけいあんさつしし》（一省の法務担当）、都指揮使司《としきしし》（一省の軍務担当）が三司である。

三司は、冊封使が決ると、明代では会議を開いて、封冊の造船の準備を始めた。福州の海防同知（正五品）あたりに、造船の監督が委任され、衛指揮二人が副監督に選ばれた。省内の各所に文書を出し、造船用の材木や、ロープを作る棕櫚皮《しゅろかわ》などの調達にかかった。

冊封使が福州に着くと、地方の各官員は、洪山橋で出迎えた。問安礼を行なうこと、同様である。冊封使は、福建滞在中は、三山駅で宿泊した。

琉球からは、迎封使が、航海を助けるための看針通事一人と、船員三〇人を引率して、福州へ行く。間に合えば、正使と副使は、建寧へ迎封使が出向いて、そこで迎えた。正副使以外の人々は、迎封使は洪山橋で迎えた。

清代は、張学礼の場合を除き、封舟《ほうしゅう》を造船しなくなったので、三司は、適当な船を雇い上げた。

封舟建造

冊封の詔勅を奉安して琉球へゆく渡海船を、中国では封舟とよんだ。琉球では、国王に頒賜《はんし》される皮弁冠を奉安した船の意で、御冠船《うくわんしん》とよんだ。清代になると、琉球国王へは、冠服の頒賜はなくなり、緞匹《だんぴつ》だけ贈られたが、御冠船の名は、そのまま続いた。御冠船は、船のことであるが、琉球では、冊封そのものも御冠船とよぶことが多い。たとえば「戊辰《ぼしん》の御冠船」とか「辰《たつ》の御冠船」といえば、嘉慶《かけい》十三年（一八〇八）の尚灝《しょうこう》の冊封をさしている。御冠船踊《うくわんしんうどぅい》にしても、冊封使の招宴の際に上演された宮廷舞踊、ということである。

『明実録』で、冊封使の発令の日付をみ、『歴代宝案』などで、冊封の日付をみ、あるいは『実録』で帰任の日付をみて逆算すると、尚真までは、発令と同じ年か、翌年には冊封

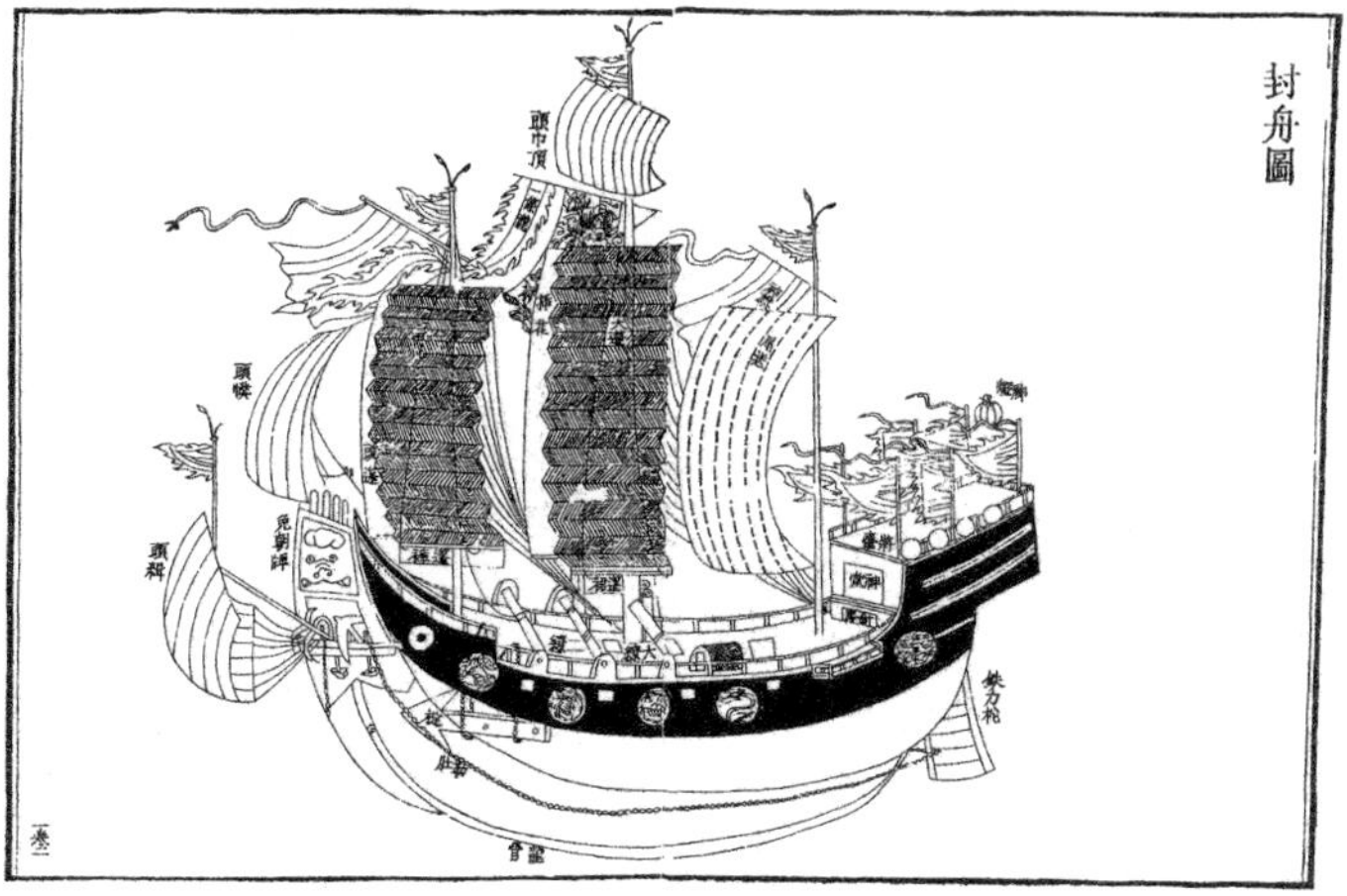

図16 徐葆光『中山伝信録』

鳥船とよばれる型の海洋船．主帆柱と前帆柱の黒くみえる折り畳み式の帆は，竹を裂いて織りあげた篷とよばれる帆．他の白くみえる帆は，布製で，帆とよばれる．主帆柱の篷の上の頭巾頂とよぶ小さい布の帆は，公用船以外は使用できない．舵はタガヤサンで作られた堅固なもので，籐をよって作られた勒吐で船首につながれている．

が終っている。それ以後は、発令から冊封までに、二年から四年の期間を要するようになる。どうやら、封舟の造船は、倭寇《わこう》などの影響があり、護送の兵員を増加する必要があってのことでもあるかもしれない。天使が捕虜にでもなれば、それこそ帝国の恥辱であろう。琉球への出使のたびに、どうして造船をするようになったのかは、まったく空白の部分なので、読者の方々が、自由に推理をされる部分だといえる。

造船するのは、南台の閩江《びんこう》の沿岸の塢廠《おしょう》であった。ここに、閩江上流域で伐採された木が集められ、福州と漳州《しょうしゅう》の船大工が働いた。造船に先立ち、定艌《ていおん》の式が挙行された。艌とは、船の底木のことで、冊封正使の生年月日に合わせて、底木を据えつけて、道教による祭りを挙行した。その後も、帆柱を立てる時、進水をする時、ロープが揃った時、塢《お》から出帆する時も、同様に祭りが執行された。

数本の帆柱には杉、舵《かじ》には鉄刀木《たがやさん》、船底には松、船室には樟《くすのき》が用いられたが、杉の巨木と、南方産の鉄刀木の入手が困難であった。福建省は、造船の盛んな土地で、倭寇対策には夥《おびただ》しい戦船が建造された。切り出しやすい場所の木が、どんどん伐採されると、あとは、川まで搬出しにくい所の木しか残らない。杉の巨木は、一枚板の棺材として、非常に高価に売れるのに、それを官用船に持って行かれ、ろくろく支払いもうけられないとなれば、反発が強かった。封舟の帆柱ときまると、短く切って、帆柱にできないようにし、それを隠してしまう、ということも起った。すでに陳侃《ちんかん》の時は、五本の杉材を組み合せ、鉄のタガで束ねて帆柱に使っている。インドやマレー半島に分布する鉄刀木は、広州へ行って買い求めたが、高価であった。そのうえ、偽の材木を買い付けてくる吏員もいた。倭寇が沿岸を荒しまわると、その鉄刀木の入手が絶望的となった。封舟には、万一の時のため、二つほど別の舵が積み込まれていた。帰航の時、舵が破損して、嵐の中で、舵の交換をしている。

封舟と随員

陳侃から張学礼までの、つまり、福建で建造された封舟の大きさを見ると、次のようになる。杜三策《とさんさく》の時だけ、長さ六二・二一メートル、幅一八・六六メートル、高さ一五・五五メートルと巨大だが、その他の船は、長さ五七・六メートルから四三・五四メートル、幅は九・八三メートルから七・〇四メートル、高さは七・四六メートルから四・一四メートルであった。船室は三層ほどに分かれ、船底にはバランス用の石（圧載）と、石という名の随員の持ち渡り貨物が、ぎっしりと積み込まれていた。海賊に備えて、船首には大砲《フランキ》が積み込まれた。

封舟の数は、たとえば陳侃の時は、経費節減のために一隻にしているが、本来は、頭号船と二号船の二隻であった。清代は、二隻が例になっていた。

随員は、四〇〇人から五〇〇人くらいである。船員が一〇〇ないし一五〇人だが、福州の船員は不評であった。貨物を持って琉球へ行き、一稼ぎしようという連中が、船の操作もできないのに、応募して採用されるのである。そんな連中を、たしかめもせずに採用する地方の官吏に対し、どの冊封使も不満であった。漳州出身の船員が、封舟のため徴用されたが、この漳州の船員は、冷静沈着で任務に誠実、どんな嵐の中でも、自分の仕事から離れなかった。

護送の兵員は、福建の各衛所から二〇〇名ほどが随行した。指揮者は、造船の副監督の二名の指揮をあてた。そうすれば、自分の乗る船だから、手抜きはさせるまい、という冊封使の思惑であった。同様に、船大工《ふなだいく》も一名随行させている。

琉球からの看針通事と、船員三〇名は、封舟に乗り組み、琉球渡航の手助けをした。福州の船員が役立たないので、漳州と琉球の船員が冊封使のたのみであった。もっとも、琉球の看針通事の針路は、北へ偏しがちだから、すこし東の方へ針路を向けさせないと、伊《い》平屋《へや》諸島へ行ってしまう恐れがある、などと、冊封使が申し送っている。

天使館で、冊封使のために下働きをする中国側の要員は、福建の官庁の下働きをしている賤民《せんみん》であった。書弁・巡捕・長班・門子・皁隷《そうれい》・轎傘夫《きょうさんふ》などと使録に書かれている人々がそうなのである。冊封使の家人というのも、奴隷か賤民である。奴隷というと、人はすぐアメリカを連想するが、中国は古くから、奴隷と賤民と宦官《かんがん》を温存してきた国なのである。

福州城外の河口という地に住む土通事《どつうじ》は、引礼通事として随行した。料理人・菓子職人・表具師・裁縫師などの職人や、医者・天文生・俳優・道士等々、さまざまな人々から成る一行であった。

福建開洋

開　洋

船の航行には、順風が必要で、逆風と無風の時は、船は停泊するほかはない。暴風には、速やかにすべての帆を下さないと危険である。暴風になると、舵《かじ》を固定するため、船首から船の両側を通って舵につながれている勒吐《ろくと》という籐《とう》のロープも切れやすい。那覇への渡航は、夏至のころの南からの季節風を用いた。

封舟《ほうしゅう》の出発が決まると、福州城内の官員たちは、送別の宴を開き、南台で餞《はなむけ》をした。封舟が大きく、閩江《びんこう》は浅いので、満潮の時だけの航行のため、河口へは、結構、日がかかる。羅星塔のあたりで、封舟に水を汲みあげる。この時、銀錠を閩江に投げ入れ、道士が祭りをする。買井水《ばいせいすい》とか龍潭祭《りゅうたんさい》とよぶ。

明代では广石《げんせき》、清代は怡山院《いさんいん》で、海神の祈《き》の諭祭《ゆさい》を、冊封使《さくほうし》が挙行した。祭壇と祭品は、福州府が準備し、福建《ふっけん》の官員が参列した。航海の完全を祈る祭典である。風向きをしらべ、明代は梅花口から、清代は五虎門から開洋《かいよう》（出帆）した。海賊がうろうろしている時期は、閩安鎮《びんあんちん》などから護衛の戦船が、開洋するまで随行している。開洋して順風があれば、帆は風をはらんで、封舟は海上をぐんぐん航行した。

那覇への航路

那覇へ行くには、いくつかの標識島があり、それを見定めながら航行した。羅針盤を見て方向を指示する夥長《かちょう》（火長）と、その指示通り操舵する舵工《だこう》とによって、進路は定められた。帆柱に登り、島影を見る鵶班《あはん》（阿班）の素早い身のこなしには、冊封使はただ驚くばかりであった。

まず東へ進み、最初の目標は台湾（小琉球）である。さらに進み、基隆《きいるん》の入口にある鶏《けい》籠嶼《ろうしょ》を見定めてから、北へ進路を変える。すると、基隆東北海上に鼎立《ていりつ》する三小島のうち、花瓶嶼《かびんしょ》と彭佳嶼《ほうかしょ》が現われる。東北東に進むと尖閣《せんかく》諸島が現われる。釣魚台《ちょうぎょ》（魚釣島）・黄麻嶼（北小島）・黄尾嶼（久場島）・赤尾嶼（大正島）が重要な標識島であった。

この尖閣列島付近で、封舟では「過溝」の祭りが行なわれた。羊や豚が、海へ犠牲として投げこまれ、あるいは粥《かゆ》を流しこみ、武装をした兵員たちが、武器を海に向けて構えた

①

③

②

④

図17　蕭崇業『使琉球録』(1)

⑦

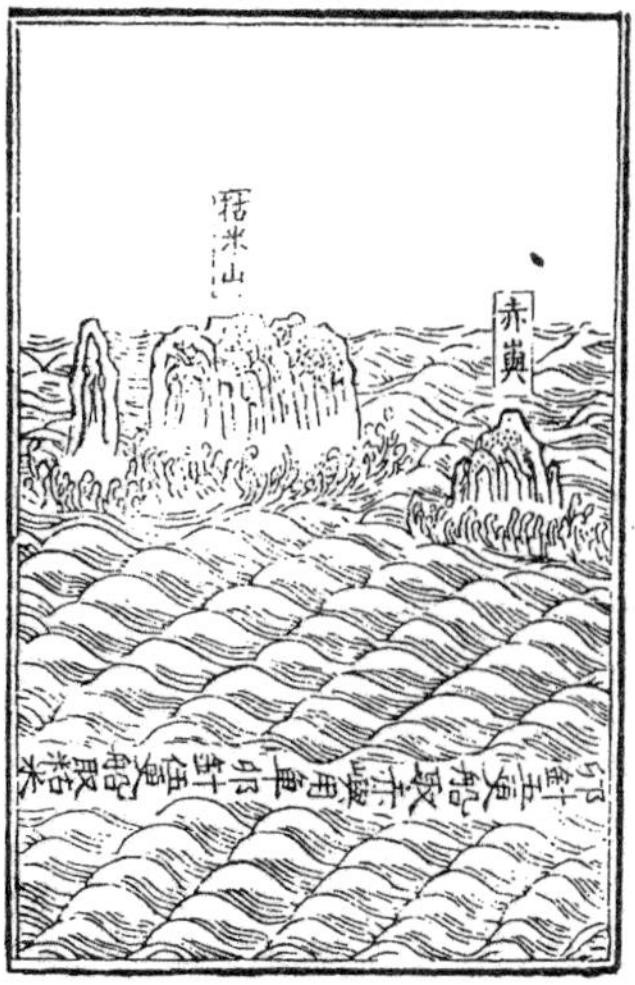

⑤

⑥

図18　蕭崇業『使琉球録』(2)

り、あるいは「詔勅在船免朝」と書いた免朝牌を船首に掲げたりした。龍が来ると風波が激しくなる。龍は、詔勅が封舟にあれば、敬意を表してやって来る。「詔勅は船にありはするが参朝することを免ずる」という風波除けのマジナイである。京都で「子供留守」と紙に書き、逆さに戸口に貼るハシカ除けのマジナイがあるが、五十歩百歩というところである。

これら「過溝」にともなう行事は、中国と琉球の海の境にある黒水溝を越えて、琉球の海に入ったので挙行される。どの冊封使録を見ても、決して尖閣諸島が、中国の領海などとは書かれていない。逆に、帰航時に、海に慣れた将校が、冊封使を慰めて、「海の色が青くなって参りました。やがて、中国があらわれることでございましょう」と、言っている。黒潮の流れる海は、中国ではなかったのである。だから、過溝の祭りをしているのである。

久米島（古米山・姑米山）を過ぎて、慶良間《けらま》諸島（馬歯山《ばしざん》）へ進み、そこを東進すると、那覇港で、いち早く弁の嶽と首里王宮が見えた。多くの封舟は、伊平屋《いへや》諸島（葉壁山《ようへきざん》）あたりに行き過ぎて、王府のさしむけた多数の小舟《さばに》に曳航《えいこう》されたこともある。

那覇登岸

封舟が那覇港に近づくと、三隻の舟に、琉球の高官が乗り、封舟へゆき、冊封使に挨拶をし、酒食を贈る。琉球から多数の小舟を出して、封舟を港内に曳航する。

封舟が港内で停泊すると、正使と副使は、節と詔勅を捧げ、杉板《はしけ》に移り、迎恩亭（通《とん》堂《どお》）で登岸し、節・詔勅・諭祭文を龍亭に安置する。頒賜の冠服や緞匹《だんぴつ》、諭祭の祭品は彩亭に安置する。龍亭と彩亭は、木造の屋根付きの四本柱の台で、前後ににない棒があり、移動する時は人が担《にな》う。龍亭には詔・勅・諭祭文・節など、皇帝の権威の象徴となるものを安置する。彩亭には、皇帝よりの頒賜の緞幣や供物などを安置する。今の那覇港は、明治の築港以来、すっかり変ってしまったが、迎恩亭にちなむ通堂町という地名に、昔の面影のカケラが残っている。

那覇港は、琉球の国境になる。使録で「琉球に至る」という言葉は、二義ある。ひとつは那覇港に入ること、今ひとつは、首里王府に着くことである。それまでに、たとえば久米島や沖永良部《おきのえらぶ》島に上陸しても、決して「琉球に至る」とは書かない。中国の詔勅が、その国の国境の関門へ入る時は、王または世子は、王城に武官とともに留まり、国境へは文官を遣わして遠接させる。守土の臣の従うべきルールであった。したがって、たとい近く

図19　伊地知貞馨『沖縄志』(1)

明治の築港工事によって，那覇港はすっかり変ってしまったが，この図は，それ以前のおもかげをとどめている．「奥ノ山」とあるのが，今の奥武山公園である．「迎恩亭」は今の通堂町付近にあった．三重城は現存する．

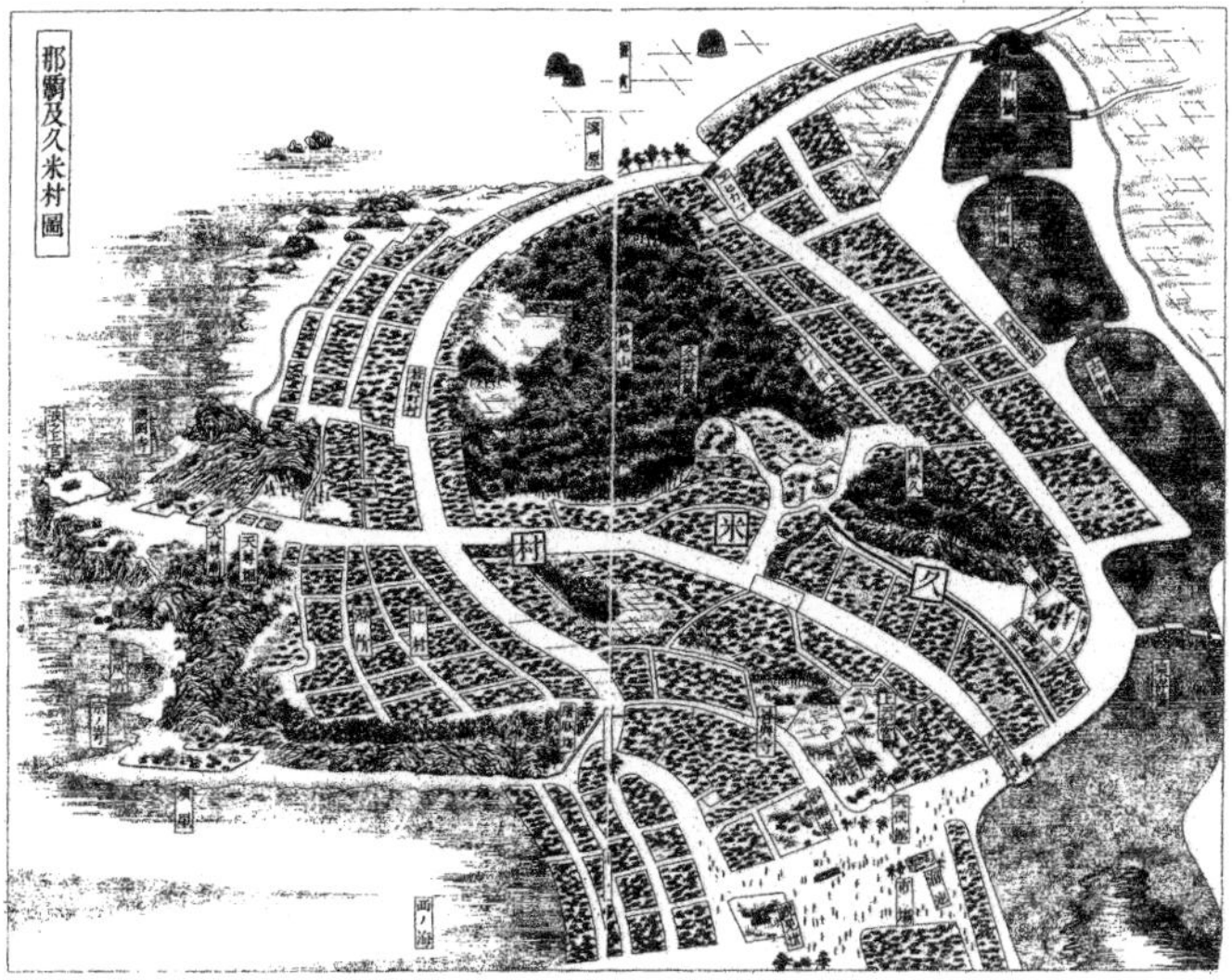

図20　伊地知貞馨『沖縄志』(2)

天使館は右下の道路上に注されている．本当の場所は「砂糖座」の一画である．今の西消防署付近にあった．「上天妃宮」は今の天妃小学校．左中央の「波之上宮」「護国寺」は現存する．

とも、世子は決して迎恩亭という遠接の地点へは行かなかった。周煌《しゅうこう》の時、何を勘違いしたのか、世子が迎恩亭で、送り迎えをせよと、福州で琉球の使者に言い付けた。それ以後、遠接の地へ世子が出向くこととなった。帰航の際、請留されて詔勅はないのに、節を見送るということで、国王が迎恩亭へ出向いた。故実に疎い冊封使が、洪武《こうぶ》以来の礼制を乱した事例である。一度、例ができると、そのままずるずると踏襲《とうしゅう》された。

龍亭と彩亭に安置された、皇帝からの詔勅その他に対し、遠接の琉球の百官は、明代は五拝三叩頭《ごはいさんこうとう》の礼を、清代では三跪九叩頭《さんききゅうこうとう》を行なう。琉球の人々の先導により、龍亭・彩亭・冊封使らが天使館に入る。天使館の正堂に、龍亭と彩亭とが据えられる。

天使館

汪楫《おうしゅう》とそれ以後の冊封使が滞在した天使館も、杜三策《とさんさく》までが滞在した旧天使館も、ともに、今の那覇市東町の西消防署付近にあった。方言は館《くわん》屋《やあ》またはクワァナァである。国王一世一回きりの利用であったから、平素は、天沢門は閉じて、その前の四房だけ、砂糖座《さたあざ》に流用されていた。館屋細工《くわあなあせえく》というのは、砂糖の樽を作る職人をいう。冊封使専用の公館で、冊封使滞在中は、「冊封」の黄旗が掲げられた。中は、すべて中国風の構造で、そこで働く人々は、すべて冊封使に随行した中国人であった。兵員その他の随員は、久米村《くにんだ》の家々に分宿した。

冊封使とその一行には、それぞれの身分に応じて、琉球側から食糧が供給された。冊封使の毎日の供応を紹介しよう。清の単位では、一升は一㍑《リットル》余、一斤は六〇〇㌘《グラム》足らずである。

米五升、小麦粉四斤、味噌・酢・塩・菜種油四皿ずつ、豆腐三斤、泡盛一瓶、魚肉三斤ずつ、羊肉二斤、乾魚四斤、鶏二羽、卵一〇個、がざみ（ワタリガニ）二匹、西瓜二個、冬瓜一〇斤、野菜一斤、蠟燭《ろうそく》四本、炭一〇斤、薪《まき》四束。

冊封使は、これらの供応等の食料は、上に高く下に低い率で、何割かを減免し、琉球と部下の随員とに恩恵を示すことになっていた。

冊封使には、王宮から一日と十五日、および節気の日に、遏闥理官《あたいくわん》を遣わし、挨拶をさせ、進物を贈った。また、五日に一度の割で、王宮から法司一人と大夫一人が、天使館へ食料などを届けて問安した。この問安日に贈られたものは、次のとおり。

生きた豚と羊一頭ずつ、鶏二羽、鶏卵・エラブウミヘビ燻製・がざみ・蛸・シャコ貝・素麺・小麦粉・味噌漬・ラッキョウ・胡椒・甘蔗・バナナ（冬は九年母《くねんぼ》）・焼餅《シャオピン》・鰹節一盛りずつ、泡盛一甕《かめ》、炭一俵、蠟燭一束。

この問安日についても、その回数を減免したり、動物を持って帰らせるといった恩恵を示した。問安に来た重臣を、冊封使は引き留めて、会食をした。この天使館での会食の際の会話が、案外、使録に反映されているのではあるまいか。久米村《くにんだ》の大夫は、通事・都通事の経験者で、福建で存留通事をしたり、北京を往還している中国通であった。

　冊封使の誕生日とか、冊封使の親の誕生日には、使者を遣わしてお祝いの品を贈った。汪楫《おうしゅう》雑録に付けられた『中山詩文《ちゅうざんしぶん》』は、汪楫の父の傘寿《さんじゅ》を祝して贈られたものであった。李鼎元《りていげん》は、母の誕生日に、周囲の人にはそれを知られぬようにしていた。朝、開門と同時に、天使館へ王叔《おうしゅく》の尚周《しょうしゅう》が、団扇《うちわ》五本、磁器香炉一対、尚温《しょうおん》自筆の寿屛《じゅへい》をお祝いとして届けて来た。寿屛というのは、誕生日のお祝いに贈る小さい聯《れん》である。李鼎元は、かねてから国王の能筆を耳にしていたが、それを目にして、趙孟頫《ちょうもうふ》の筆意を感じた。これがきっかけで、天使館はにわかにお祝い気分が盛り上った。李鼎元は、天使館の従人たちや、琉球の天使館担当の人々に、酒と料理を出して祝わせた。正使の趙文楷《ちょうぶんかい》や従客たちと、ゆっくりと酒宴をして、老母をしのんだ。

　多分、夏子陽《かしよう》の時から始まったことであろうが、天使館へ毎朝、瑞泉《ずいせん》の水が贈られた。早朝二〇〇リットル余の水を瑞泉から汲み上げ、緑の桶につめ、鎖で厳封して、首里から天使館へ搬入した。紅い帕《はちまち》の久米村《くにんだ》の秀才《しゅうつぇえ》九人の当番であった。徐葆光《じょほうこう》が「中山第一」と瑞泉に題したのも、単にその水の清らかさ甘さだけのことではなく、毎朝、少年たちが馳けて運んだ心の誠実さも、ふくまれているはずである。

冊封使にとって、日々の食卓の食単《メニュー》も楽しみのひとつであった。中国では見たこともない食材が書きこまれているからである。龍蝦《りゅうか》はイセエビと訳されることが多いが、沖縄にはそれほどいない。イセエビ科のシマイセエビ・ニシキエビ・ゴシキエビ・カノコイセエビをさしているが、茹でたエビは、赤くて龍の顔をしていて、気味悪がって、食べない冊封使が多かった。そこで、中味は料理人が頂戴したうえで、その殻で提燈《ちょうちん》を作り、灯をともして冊封使を喜ばせた。鰹節は、薄く何枚にも削ってから切り落とし、花びらのようにして、それを清汁《すまし》の上に浮べて食べた。海胆《うに》・シャコ貝（あじけえ）・毛魚（アイゴの幼魚・すくがらす）などは、はじめて口にする珍味であった。

冊封諸礼

那覇市泊一丁目に、今も国廟《こくびょう》（先王廟）の石門と、西側の下馬碑が残っている。崇元寺《そうげんじ》とよばれているが、この寺名は、国廟の管理をしていた僧の居住部分の名称だと、私は考えている。琉球では、神社も、道教の廟も、僧が管理していた。そして、僧の住む部分に寺名がついていた。『琉球国由来記』に、高応寺の頼慶和尚とあるが、高応寺という寺は知られていない。私は、天尊廟に僧がおり、僧の住居が高応寺か、と考えている。やはり、崇元寺とはいわず、国廟と称すべきだと考えられる。つまり、国廟内の一部分に崇元寺があったのである。尚円《しょうえん》の諭祭《ゆさい》から、ここの国廟で諭祭礼が挙げられた。

諭祭礼

諭祭礼の儀注《ぎちゅう》を、汪楫録によって記す。当日の未明、琉球の高官は、儀仗《ぎじょう》と奏楽とを従えて、天使館に参集する。冊封使《さくほうし》が開門させる。双方が挨拶をし、諭祭文の龍亭の出御を請《こ》う。琉球の官員が先導し、長虹隄《ちょうこうてい》を進み、安里橋に、龍亭と、祭品の彩亭、冊封使が着く。世子《せいし》は白袍《はくほう》を着用し、橋畔で出迎える。龍亭が止まると、冊封使は龍亭の左右に立つ。世子は衆官とともに、三跪九叩頭《さんききゅうこうとう》の礼を行なう。世子と衆官が前導し、石門に至る。

龍亭は、中門（三つのアーチ形の門の、中央の門）を進んで、廟内の中堂に入る。冊封使は、龍亭と共に進み、中堂で龍亭の左右に立つ（正使が左、副使が右である。琉球史家に、逆のことを書いている人がいるので注意）。捧軸官《ほうじくかん》は東角門（三つのアーチ形の門の東西に角門がある）から入り、廟の東扉の外へゆき、西向きに立つ。宣読官《せんどくかん》と展軸官《てんじくかん》は、西角門から進み、開読台の下で、東向きに立つ。司香二人は、香案を龍亭の前に置き、香を焚《た》く。世子と衆官は、東角門から入り、露台に上り、拝位に就き、三跪九叩頭の礼をする。世子は、先王神位の下に立ち西に向く。捧軸官は中堂に入り、冊封使から諭祭文を受け、開読台へゆき上る。宣読官と展軸官がそれに続く。捧軸官と展軸官が、諭祭文を机の上でひろげる。通事官が「開読」と唱えると、世子と衆官は、先王神位の下で俯伏《ふふく》する。宣読官が、諭祭文を読みあげる。終って、通事官が「焚黄《ふんこう》」と唱える。世子と衆官は、焚帛所《ふんぱくしょ》へゆき、皇帝よりの祭品の絹（明代は焚祝紙）と、諭祭文を黄紙にコピーしたものが焚かれるのを拝見する。焚黄が終ると、三跪九叩頭の礼をする。世子は先王の神主を、廟内にもどし、冊封使と相見礼を行なう。世子は「天使は、前堂へお移りになって、拝謝をお受けくださいますように」と願いでる。

冊封使と世子は前堂へゆき、紫金大夫と通事官とが仲介をして、茶と酒を一巡する。第一宴の諭祭宴である。

この日は、奏楽位は設けるが、演奏はしない。式場の祭品は、明代は諭祭文に明記されている。牛・豚・羊それぞれ一頭、饅頭・粉湯《スープ》・蜂糖糕《ほうとうこう》・象眼糕《ぞうがんこう》・高頂茶食・響糖・酥餅《そへい》・酥錠《そじょう》・纏碗《てんわん》・降真香《こうしんこう》・蠟燭・焚祝紙《ふんしゅくし》・酒である。冊封使に随行した菓子職人の腕の振るいどころであった。今の沖縄の「ちんすこう」という菓子も、実は糕《こう》という菓子の流れのひとつなのである。牛・豚・羊を供えるのは、太牢《たいろう》といい、中国では最も丁重な供え物である。清代も、神主の前に、同様の祭品が並べられたと思われるが、記録としては、絹布二〇〇反と銀二〇〇両だけである。

この日、世子は、使を天使館へさしむけ、諭祭の労をねぎらわせる。翌日、冊封使は、使を王宮へさしむけ、諭祭宴の礼を述べさせる。

冊封礼

清代の冊封礼《さくほうれい》の儀注《ぎちゅう》（式次第）は、汪楫《おうしゅう》・徐葆光《じょほうこう》・周煌《しゅうこう》・李鼎元《りていげん》の使録に、詳細に記されている。徐・周の二録には、挿画もある。ところが、明代の冊封礼の儀注を紹介している琉球関係の著書はないので、ここでは、『大明集礼《だいみんしゅうれい》』から、琉球の冊封礼を再現してみよう。

冊封礼で注意すべきは、「闕庭《けってい》」である。闕庭とは、普通、宮殿の前庭のことをいうが、明代の儀注の闕庭とは、「皇帝の権威の象徴的空間」なのである。香案をおき、世子・国王が、香を焚いて敬礼をする向う側こそ、具体的な闕庭なのである。闕庭に詔勅の龍亭が据えられ、その左に正使、右に副使が立つ。通常、闕庭は正殿殿上の中央に設定される。琉球における清代の冊封礼では、正殿の前庭に、闕庭とよぶ仮設の木造の構築物を作っている。すでに述べたように、私は、張学礼《ちょうがくれい》の冊封の時、正殿が焼失していたので、臨時に闕庭を仮設したのが始まりではないかと推測している。首里城の正殿が、西向きであること、正殿中央に大きい階段があり、闕庭としての十分なスペースを取りにくいこと、などがあって、張学礼の時に前庭に仮設した闕庭が大変具合がよかったことから、その後も、闕庭を前庭に仮設したものと思われる。

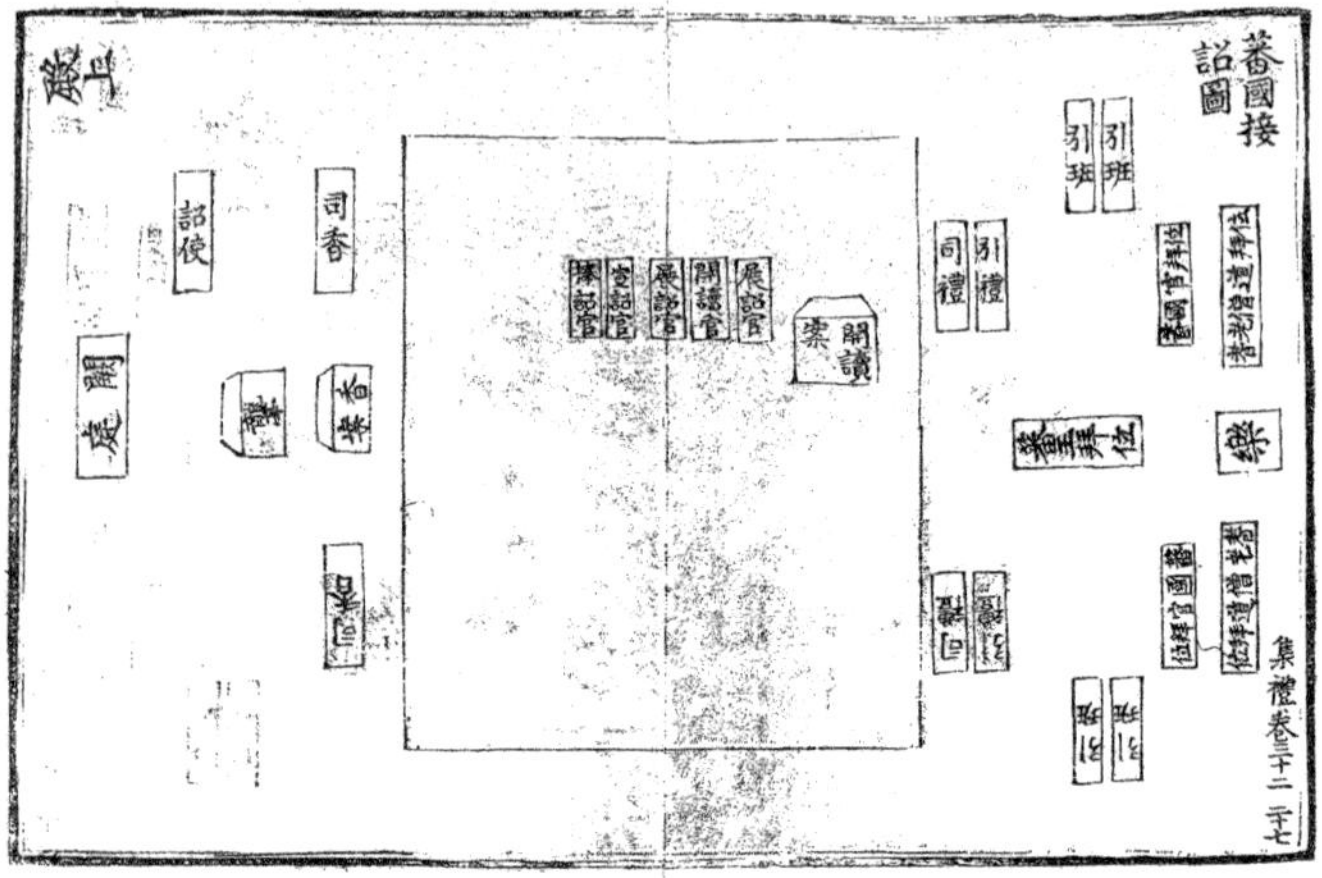

図21 『大明集礼』

左端に闕庭が設定されている．この所に詔勅をのせた龍亭がすえられる．5頁の「冊封中山王図」と比較対照していただきたい．5頁の闕庭は，正殿の外の仮設の木造の構築物である．

明の冊封儀注

龍亭が通る道の両側には、結綵《けっさい》（布飾り）をする。世子は衆官を従えて、国門（歓会門）の外で、龍亭の到着を待つ。龍亭・彩亭・冊封使の一行が到着すると、迎接の礼を行ない、世子が徒歩で先導をする。龍亭・彩亭は闕庭に据えられ、冊封使は、詔勅の左右に立つ。引礼は、世子を導いて入場し、前庭の拝位につかせる。引班は、衆官を導いて、世子の後の拝位につかせる。

冊封使は前に進み、前庭に向って「有制」と唱える。司賛が「鞠《きっ》躬《きゅう》・拝・興・拝・興・拝・興・拝・興・平身」と唱える（楽おこる）。世子と衆官はその礼をする（楽やむ）。引礼は世子を導いて、右の階から上り、正殿中央の香案の前へ行って立たせる。引礼が「跪《き》」と唱える。世子は跪《ひざまず》く。司賛が「衆官皆跪」と唱え、衆官は跪く。引礼が「上香・上香・三上香」と唱える。司香が世子の左から香をさし出す。世子は三たび香を焚く。引礼は「俯《ふ》伏《ふく》・興・平身」と唱える。世子と衆官はその礼をする。引礼は、世子を拝位へもどらせる。

司賛が「開読」と唱える。宣読官と展軸官は、開読台に上る。冊封使は龍亭の詔勅を捧軸官に授ける。捧軸官は詔勅を捧げて開読台に上り、詔勅を宣読官に授ける。宣読官は詔を（そして終れば勅を）展軸官と向いあってひろげる。司賛が「跪」と唱え、世子と衆官は跪く。宣読官は詔と勅とを読みあげる。終ると、捧軸官は詔勅を捧げ、龍亭におく（この時点で、世子は国王となる）。司賛は、「俯伏・興・平身」と唱え、王と衆官はその礼をする。司賛は「鞠躬・拝・興・拝・興・拝・興・拝・興・平身」と唱える（楽おこる）。王と衆官は、その礼をする（楽やむ）。

引礼は、王を龍亭の前に導く。冊封使は「有制」と唱える。引礼が「跪」と唱え、王と衆官は跪く。冊封使は、

「皇帝の使者の某は、頒賜の物を持して、おんみ琉球国中山王と王妃に賜る。」

と、宣し、頒賜の官服と緞匹を、ひとつひとつ彩亭から取りあげて王に授ける。王は跪いてそれを受け、左右の三司官に渡す。終ると引礼は「俯伏・興・平身」と唱え、司賛も同時に同様に唱える。王と衆官はその礼をする。引礼は、王を拝位へもどす。司賛が「鞠躬・拝・興・拝・興・拝・興・拝・興・平身」と唱える（楽おこる）。王と衆官はその礼をする（楽やむ）。司賛は「搢笏《しんこつ》（笏《しゃく》を大帯にはさむ）・鞠躬・三舞踏（手をまわし足をふみならす）・三拱手《さんきょうしゅ》加額《かがく》（三たび手をこまぬき手を額に当てる）・山呼（万歳）・山呼（万歳）・再山呼（万万歳）・出笏・俯伏・興・拝・興・拝・興・拝・興・拝・興・平身」と唱える。王と衆官は、その礼をする（興で楽おこり、平身で楽やむ）。礼が終る。引礼は王を、引班

は衆官を退場させる。王と冊封使は、賓主《ひんしゅ》に別れて礼を行なう。

頒賜の品

『歴代宝案』に、冊封の詔勅が収録されており、また、使録にもかかげられているが、明代の詔勅の実物は、沖縄には残っていない。幸い、大阪市立美術館に、秀吉の冊封詔、宮内庁に冊封勅が残っているので、その勅の頒賜《はんし》の品をみよう（次頁図参照）。神宗《しんそう》のもので、尚永《しょうえい》と尚寧《しょうねい》のものと、日付は近い。品は同一である。紗帽《しゃぼう》から緑貼裏《ちょうり》までが常服一揃《ひとそろ》えで、この場合は、黒い皮の靴をはく。皮弁冠《ひべんかん》から包袱《ほうふく》四条までが、皮弁冠服一揃えと、その包装用品である。紵糸《ちょし》（緞子《どんす》）以下は、頒賜の織物である。

常服は、皮弁服同様、紅花《べにばな》のカルタミン色素で染めた大紅《たいこう》という高貴な色である。金糸で織り出された文様の麒麟《きりん》は、貴族（諸侯）が着用するものである。犀角《さいかく》のプレートを金で縁取りして革帯につけた犀角帯は、二品の官員の着用するものである。琉球国王は、武二品にランクづけされていたが、二品を示すのは、この犀角帯だけである。

皮弁は、冕《べん》に次ぐ礼冠であるが、七つの縫《ほう》は、郡王（親王の世子以外の子）のもので、いわば皮弁冠服は、皇族なみの礼装である。常服と礼服を通じてみると、明朝廷は、中山王へは、礼装は皇族なみ、常服は貴族なみ、革帯だけが二品という服装を授けていたこと

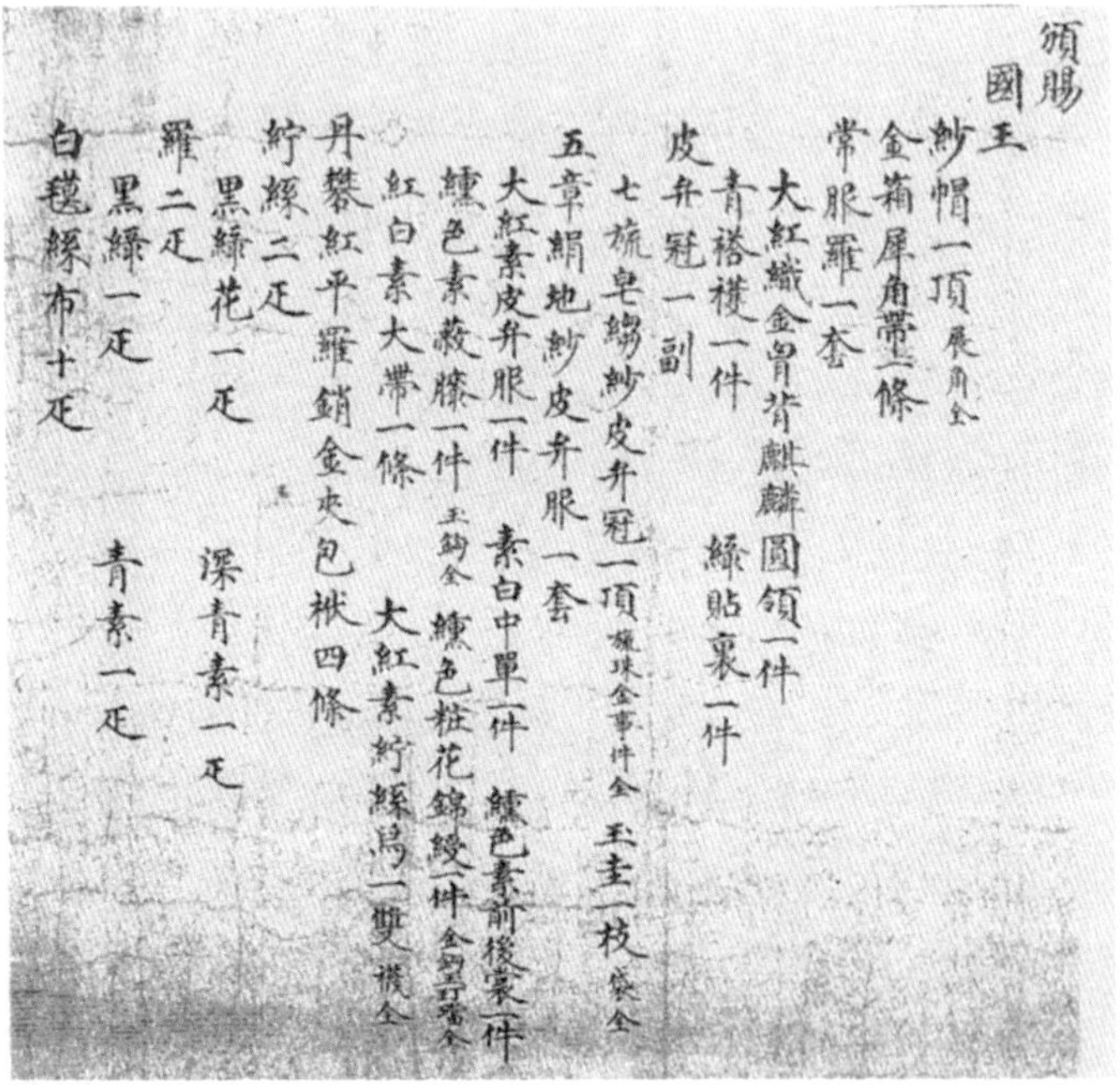

頒賜
國王
紗帽一頂 展角全
金廂犀角帯一條
常服羅一套
大紅織金胸背麒麟圓領一件
青褡䕶一件　綠貼裏一件
皮弁冠一副
七旒皂縐紗皮弁冠一頂 纓珠金事件全　玉圭一枚 袋全
五章絹地紗皮弁服一套
大紅素皮弁服一件　素白中單一件　纁色素前後裳一件
纁色素蔽膝一件 玉鉤全　纁色粧花錦綬一件 金鉤玎璫全
紅白素大帯一條　大紅素紵絲舄一雙 襪全
丹礬紅平羅銷金夾包袱四條
紵絲二疋
黒綠花一疋　深青素一疋
羅二疋
黒綠一疋　青素一疋
白氎絲布十疋

図22　冊封勅（部分）　宮内庁書陵部蔵

になる。冊封使は常服で、帯は正一品の玉帯で、中山王より上、というのが面白い。

秀吉への勅には、王妃への頒賜が書かれていないので、書き加える。紵糸《ちょし》二疋は、黒緑花一疋と深青素一疋。羅《ら》二疋は、黒緑一疋と青素一疋。白氁《はくぼ》糸布《しふ》一〇疋であった。羅はモジリ織の絹織物であるが、日本のものより目の詰んだ感じである。日本の紗は、中国では羅に数えられる。

清朝では、国王には冠服は頒賜されず織物だけになる。蟒緞《もうたん》二疋、青彩緞三疋、藍彩緞三疋、閃緞《せんたん》二疋、衣素二疋、錦三疋、紗四疋、羅四疋、紬《つむぎ》四疋で、王妃には、青彩緞二疋、藍彩緞二疋、粧緞一疋、藍素緞二疋、閃緞一疋、衣素二疋、錦二疋、紗四疋、羅四疋である。緞は朱子織りの先練り先染めの絹織物をいう。蟒《もう》は、清朝では、皇子から七品の官員までが着用した文様で、一品から三品は、九蟒五爪《そう》であった。地色は青。地の色と文様の色の異なるのが綵緞、地と文様とが同じ色が素緞である。タテ糸とヌキ糸を違った色で織ったのが閃緞で、見る角度により、色が違ってみえる。朱子地に色糸や金糸を使って花紋を織り出したのが粧花緞である。中国の紗は、平織りのうすい絹織物をいう。

冊封のあと、北殿で冊封宴が行なわれた。

御礼言上

冊封礼がすむと、日を選んで、新国王は、天使館を訪れ、冊封使に御礼を言上《ごんじょう》する。首里王府から久米村《くにんだ》まで、一六人担《か》きの肩輿《けんよ》に、明朝の冠服をつけた国王が、儀仗と衆官を従えて行列する。琉球の人々は、この日、心ゆくまで首里《しゅい》天加那志《てんじゃなし》、御主加那志前《うしゅがなしいめえ》の晴れ姿を仰ぎみることができた。

那覇と久米村には、慶祝の作り物が飾られて、中国の人々までが、それを見て楽しんだ。

国王の儀仗は、冊封使が人をやって、メモさせている。汪楫《おうしゅう》以後は、お飾り程度のもので、徐録の絵では着流しである。夏使録《かしろく》では、甲冑《かっちゅう》を身につけ、帯刀した者数十人が随行している。島津との関係が緊迫していたからであろうか。夏子陽自身も「不測の事態に備えてのことであろう」と記している。琉球国王の儀仗の武器類は、私には、中国のものよりも、日本のものを使用しているように思われる。

久米村に更衣所《こういしょ》が設けられている。更衣は、着替えをすることでもあるが、小憩とか、厠《かわや》へゆくのも更衣という。胡靖記《こせいき》をみると、明代の更衣所は、親見世《うええみし》であったようである。清代では、久米村官員の邸が当てられた。更衣所の最も大きい目的は、更衣所から天使館までの往復は、肩輿の担き手を半分の八人に減らす、ということである。冊封使の軟輿《なんよ》が八人で担くのに、あわせるのである。

天使館で、国王から、諭祭《ゆさい》と冊封の御礼をうけたあと、冊封使は、国王や随行の人々と宴を催す。天使館内で調理された料理と酒が出て、福建《ふっけん》から随行した俳優たちが劇を演じた。胡靖は、「琉球の人々は、(言葉がわからないので) それが何をしているのか、分からぬようである」と、書いている。

七　宴

清代は、諭祭宴と冊封宴の外に、五回の宴が催された。明代の使録には、七宴という言葉はないが、胡靖記に「冊封の大宴は七度ある」とあるから、やはりそれくらいはしていたのであろう。明代の冊封使は、宴を断ったり、宴は開いても爬龍《はありい》はせぬようにと、予《あらかじ》め手紙で断ったりしている。これもまた、冊封使の見識なのであろう。

宴の料理は、冊封使に随行した料理人が、王府の依頼をうけて、首里城内で調理した。胡靖は一五人の料理人がかかっていた、と書いている。土通事も王宮へ行っているが、料理人の指揮と、琉球側との連絡をしたのであろう。前日から、準備や下ごしらえにかかっており、徹夜の作業であった。冊封礼の前夜は、聞得大君《ちふいじん》はじめ多勢の神女が、王宮内で神遊びをして、式典の無事を祈る。その秘儀を、これらの中国人たちが目のあたりにして、冊封使に報告している。

宴の料理は、量も豊富で、美味であると陳侃《ちんかん》はいう。冊封使には、毎回、二〇皿、随員には一六皿ほどの料理が出た。燕窩《つばめのす》・魚翅《ふかひれ》・海参《ほしなまこ》・乾鮑《ほしあわび》といった高級食材も用いられた。酒は泡盛が出たが、冊封使には強かった。首里王宮は、一〇〇年ものの泡盛だったから、今の古酒《くうす》などとよばれる泡盛よりも、遥かに口当りはよかったはずだが、「酔がまわって盃を重ねられる人とてはなく、私たちもただ、その酒をなめるばかりであった」と、陳侃は記している。

その陳侃が、琉球料理をはじめて口にし、感動している。何度も断った末、断り切れずに出むくと、その宴には、いつもの中華料理は出なかった。陳録はいう。

山の幸《さち》、海の幸、米や麦の粉を使ったもの、酒など、前に次々と並べられるのは、手のこんだ、美しく清らかなもので、その味は甚だ美味なるものであった。ただ数品きりで、前のように品数が多くはなかった。側の人にたずねたところ、これまでの宴席の料理は、すべて福建の人に頼んでいたのだが、今回のものは、宮中の女官の手作りで、ほんのお口汚しでございます、とのことであった。

『中山伝信録』には、宴礼の時の演芸が、詳細に記録されている。それ以後、この時の演芸の形が継続された。伊波普猷《いはふゆう》の『琉球戯曲集』（全集巻三）は、林鴻年の時の中秋宴と重陽宴のプログラムすべてを、歌詞と台詞《せりふ》を入れて紹介している。この両者を比較しても大きい変更はない。この両著こそ、琉球芸能史の宝庫であり、源流ともいえる。

明代の宴は、もっと簡素な芸だったようである。陳侃が払塵の宴で見た、「四人の琉球の少年が、琉歌をうたい琉舞を踊った。身を屈げ、手足を屈げて、なかなかの見ものであった」という踊りは、蕭崇業《しようすうぎよう》が中秋の宴でみた「酒が酣《たけなわ》となった時、琉球の童《わらび》たちに琉歌を唄わせ、更に琉舞を踊らせた。身を屈め、手足を曲げてなかなかの見ものであった」と、同じものと思われる。私は、「童子四人が、手に四ッ竹を打ち鳴らし、足は舞いを踏む」踊りを、特牛節《くていぶし》であろうと考えている。もしそうなら、特牛節が最も古い御冠船踊《うくわんしんうどうい》ということになる。

胡靖のみた冊封宴の引出物《ひきでもの》は、冊封使は宴金三六両・日本刀・金屏風・錦（日本製）・金扇、将校クラスは白金一〇両・日本刀・扇二本・上布二疋、その他は芭蕉布二疋であった。宴会を辞退した者には、食事代二両と引出物であった。七宴とも、似たようなものであるとのことであった。

望舟宴まで

『中山伝信録《ちゆうざんでんしんろく》』に依拠すると、冊封宴の次に、中秋宴が、首里城北殿で催された。中秋宴は、演舞中心の宴である。宴がはてて、首里から天使館に帰る道は、月の光がみちていた。陳侃はこう記す。
月の光が昼のように明るく、海はきらきらと光を返し、光をとおして松の姿が浮かびあがって見えた。輿夫《かごかき》に、ゆっくりと進むように言いつけて、思うままに景色を眺めていると、心はひろがり、魂は楽しみに満ち、わが身が海外にあることさえ、本当に忘れてしまっていたのであった。

重陽宴《ちょうようえん》は、龍潭《りゅうたん》で龍舟戯が先に行なわれる。爬龍船《はありい》の競渡は、五月五日の中国の行事であり、沖縄でもやはり、端午《たんご》の節の行事である。冊封使来琉時は、重陽にも行なわれた。明代は、競渡そのもので、今の沖縄のハーリー、長崎などのペーロンと同様、櫂《かい》しぶきをあげて速さを競った。清代になると、静かに三隻の龍舟が漕ぎまわり、美しく着飾った少年が、皇帝を讃え、冊封使の帰航の無事を祈る詩をうたう形に変る。

夏使録に、この龍舟に乗る少年を、「頭に花を頂き」と記している。胡靖は、「頭に扇面の笠を頂く。まるで金の笠のようである」と書いている。三つの金扇を結んで笠にし、それに、重陽に因んで大きい菊の造花をつけたものを、少年たちは頂いていたのである。琉舞の花笠も、はじめはこんなものであった。

胡靖は、龍舟戯に先立ち、龍潭《りゅうたん》の畔《ほとり》の冊封使の幕屋で、福州から随行した俳優二人が、雑劇を演じたことを記している。琉中共演といった龍潭の様子は注目される。私は、このことが、後に、琉球に組踊《くみうどうい》が創作される契機となったのではないかと考えている。爬龍船《はありい》が終ると、首里城北殿で宴会が開かれる。この時は、組踊と入子踊《いりくうどうい》が演じられた。演芸には、説帖とよぶ中国文のプログラムが準備され、中国の人々に配布された。演芸のひとつひとつが詳しく説明されている。たとえば、組踊の台本にはないことまで、説帖に書かれていることもある。組踊「執心鐘入」の万寿寺の住職は、台本では座主としかわからないが、徐葆光《じょほうこう》は普徳という名を書いている。尚家の所蔵していた説帖は、那覇市に寄贈されたはずである。いつまでも仕舞い込まずに、早く公開してほしいものである。入子踊は、明治以後、久しく廃絶していたが、二〇〇一年一月、沖縄県立芸術大学の修士演奏で、高良亜矢子らによって、復元し、上演された。『中山伝信録』と『琉球戯典集』に依拠することは言うまでもない。

餞別宴は、北殿で同様に催される。拝辞宴は、北殿での宴席ののち、中山門の所で、冊封使と国王とが、酒三巡をくみかわし、餞《はなむけ》とした。清代になると、中山門のかたわらの世子邸で、餞の小宴をする、という形になった。

望舟宴《ぼうしゆうえん》は、国王が天使館へゆき、そこで小宴をする。国王は、冊封正副使に、金扇一本ずつを差し出す。扇を差し出すとき、尚清は陳侃にこう述べた。

「天使は遥々とお出でくださいまして、私に皮弁冠服を賜りました。とりもなおさず、私の師にあたります。ここでお別れすれば、もはや二度とお会いすることはございません。この扇子をお使いくださる時、もしかすると、私を思い出してくださることもあろうかと存じます。」

冊封使は、自分の手にしていた川扇《せんせん》（四川省産の扇）を国王に差し出す。それぞれ、自作の詩を自筆でしたためてあったはずである。そして再拝して別れる。最後の対面である。

この感動的な別れは、周煌《しゅうこう》が儀制を乱し、登舟の日に、国王が迎恩亭で節を見送ることを要求したため、希薄なものになってしまった。

琉球の日々

天使館

天使館は既述のとおり、那覇市東町の西消防署付近にあった。天沢門《てんたくもん》の内部は、完全に中国人の世界であった。天使館の警備と、冊封使の身の廻りの世話は、すべて福州から随行した下役と、冊封使の家人たちが行なった。天使館の大門には、都通事一名と、紅い帕《はちまち》の秀才《しゅうつええ》二〇人が控えていた。秀才は、久米村《くにんだ》の元服した男子で、まだ役職に就いていないものである。

冊封使は、天使館のあちこちに、額《がく》や聯《れん》の揮毫《きごう》をして、それらを掲げた。その規模は違うが、きっとこんな雰囲気だったんだろうなと、私は黄檗山万福寺《おうばくさんまんぷくじ》へ行くたびに、天使館を想像している。

正堂は敷命堂《ふめいどう》で、その後の堂は、左右が正使と副使の房になっていた。後庭の東西に、長風閣と停雲楼という二階屋があり、正使と副使の私的空間であった。従客《じゅうきゃく》と碁を打ったり、詩を唱和したり、酒をくみかわしたりしたのも、ここである。これらの建物の両側には、下役や家人の居住棟があった。

徐葆光《じょほうこう》は、正堂の前の石畳の道の両側に、四本の榕樹《がじゅまる》を植えた。次使の周煌の時は、まだ二本は残っていた。その次の李鼎元《りていげん》の時は、一本しか残っていなかった。台風の激しい沖縄では、榕樹でさえ、しっかり根づいて、巨樹になるのは大変なのである。李鼎元は、茘枝《れいし》の苗木を二本植え、趙文楷《ちょうぶんかい》と詩を作っている。周煌《しゅうこう》は、堂の後に蘇鉄《そてつ》を植えた。

七　司

天使館に冊封使が居住すると、近くに天使館のための臨時の事務所が開設された。いわゆる七司《しちし》である。庶務担当の館務司（宿直《やどうあたい》）、施設と調度品を管理する承応所（用聞《ゆうちち》）、肉類を供給する掌牲所《しょうせいしょ》（平等《ふいら》）、酒・米・野菜を供給する供応所（百次《むんなみ》）、七宴担当の理宴所（振舞《ふるめえ》）、書帖送達の書簡所（墨当《すみあたい》）、貨物買上げの評価司（評価《はんがあ》）である。各司に大夫一人、紅帽三人、雑役二〇人が働いていた。朝夕の食料搬入には、加勢も加わった。

四、五百人前後の冊封使一行に対し、半ヵ年以上も食糧を供給することは、琉球にとっては、大変なことであった。数年前から、食料を備蓄した。農家には、鳥獣を飼育させた。魚は濫獲を禁じ、一定の場所で貝類を繁殖させた。果樹は、二、三年前から摘果を続け、冊封の年に結果させた。徐葆光の時は、評価の片が付かず、一行の滞在が予想をはるかに越えて長びいたため、琉球でストックした豚がなくなり、急遽、奄美諸島から豚を集めた。七司のうち、評価《はんがあ》は重要な部署であった。福建から船に乗りこむ人々は、持ち渡った自分の貨物が、琉球でいい価格で買い上げられることを期待していた。琉球は、それを高く買い取ることが、冊封使一行に対する御馳走だと認識していた。胡靖はいう。

巷《ちまた》の中に那覇館がある。館内には、ことごとく（冊封使一行への）供給の物や、机や椅子の類が揃えられている。特に冊封使一行の接遇用として準備されたものである。およそ価格の評価には、みなここにやって来る。随行の員役は、それぞれ貨物を携帯して来ている。王は通事を那覇館へ行かせて、それを評価させる。二隻の船に積んできた物貨は、すべて王によって買い上げられる。その後、管理して、それがなくならぬようにする。八月初旬、日本の薩摩の一行がやって来たが、それと貿易をして、三倍の利益をあげた。

明代は、那覇里主館で、すべてまとめて、冊封使一行の面倒をみていたに違いない。清代になって、七つに分掌したのであろう。

評　価

冊封使録は、儒臣《じゅしん》の著であるから、利益には一切触れていない。夏使録には、「瑣言二条」を付し、その「邮役《じゅつえき》」に、かなり踏みこんだ記述がある。

洪武《こうぶ》年間（一三六八〜九八）、琉球へ渡航する五〇〇人に、それぞれ行李一〇〇斤以内を許し、琉球人と貿易させた、といわれる。陳侃《ちんかん》の時は、一万金の収入で、五〇〇人一人当り平均二〇金が得られた。郭汝霖《かくじょりん》の時は、六〇〇〇金で平均一人当り一二金であった。蕭崇業《しょうすうぎょう》の時は、三〇〇〇金で、随行は四〇〇人しか集まらなかったのだが、一人当り八金にしかならなかった。

渡琉時の収益が多ければ、それが噂になって、次回には優秀な船員が集まるが、少なければ、応募者の質が低下する、ということが現実に起る。冊封使にとっても、利益は他人《ひと》事《ごと》ではなかったのである。隆慶元年（一五六七）以降、海禁が緩められ、それ以前ほどには需用はなく、唐人持ち渡り貨物は、利益が上りにくくなった。

琉球が中国朝廷に、領封《りょうほう》を断り続け、朝貢船《ちょうこうせん》に武臣を便乗させて、往って封ぜしめるという代案も、何だかんだと理窟にもならぬ理窟をこねまわして断り続けて、あくまで文臣の派遣を請うてやまなかったのは、二隻の船に積載される貨物が目当てであった。

財政破綻寸前の薩摩藩が、朝貢貿易の利を掠《かす》めるため、琉球を侵略した。鎖国をして、長崎だけで管理貿易を営み、その利益を独占していた江戸幕府と、琉球の交易とが、利害が相反することも起り得た。冊封使が、琉球に着くと、日本の薬種の価格が急落することもあった。幕府は、当然、自分の方の都合のよいように、薩摩藩に禁令をおしつける。李鼎元の時、転売禁止令のため、琉球は莫大な損害を受け、江戸幕府はために、琉球へ金一万両の賠償をせざるを得なかった。

琉球は、金も銀も産出しない。利益を収奪されている琉球の評価の原資は、薩摩からの貸し付け銀であったが、その銀自体が僅少なところへ、中国人の持ち込み貨物が多いと、評価担当者の悲劇となる。徐葆光の時が、その最たるものであった。江戸幕府は、貨幣改鋳のたびに品質を落とした。この悪質な銀錠は、純銀を流通させている中国の人には通用しない。冊封のたびごとに、江戸の銀座では、琉球のために、銀の吹きなおしに精を出さざるを得なかった。

将来の砂糖生産を担保にして、大坂表から銀を掻き集めてくるくらいしか才覚のない侍と、大量の貨物を持ちこんで、できるだけ利益を得ようとするしたたかな福建の人々の間に立って、長年培ってきた忍耐強い外交手腕で、評価という困難な業務を、久米村《くにんだ》の官員はは たしてきたのである。

女集

女集を、「女の集まる」とすさまじい誤訳をした訳注者がいるが、「女のいとなむ市」の意である。集は、市・市場をいう。今でも、沖縄では、市場は女性がとり仕切っている。天使館の東隣に下天妃宮があり、その前が、那覇の市場であった。張学礼はいう。

天使館の前には百畝《せ》（一〇〇アール）の空地がある。毎日、午後、年寄りや若い女たちが、笊《ざる》や籠《かご》を携えてここに集まり、市を開くのだが、まるで遊んでいるかのようである。日暮れ近くになって帰ってゆく。市が開かれている間に、とびきりの美女が、なよなよとやって来ることもある。

ここで、「携えて」というのは、張学礼の観察不足である。「頭に乗せて」と言うべきである。手を添えなくとも、頭上の大きい荷物を落とさない美技に、冊封使たちは、目をみはっている。

中国から来た人々にとって、心ゆくまで琉球の女性を見ることのできるのは、市が最もよい場所であった。市では、女は顔を隠したり、逃げたりはしなかったからである。そういう中国人を目当てに、近くの辻《ちじ》から、遊女《じゅり》が買物のふりをしてやって来たのである。一般の女性は、化粧をする風はなかったので、そこへ化粧を入念にした遊女が現われれば、男には鮮烈なインパクトであった。長風閣や停雲楼からも、その美女が見下せたかもしれない。

天使館の隣に市のあることで、何か不都合があったのか、汪楫《おうしゅう》の時からは、天使滞琉中は、市は辻《ちじ》へ移転させられた。辻へ市が移っても、女集へ行く楽しみには変りはなく、中国人は買物に出かけているし、冊封使も時として出かけている。遊女《じゅり》もまた、近くなったことでもあるし、辻の市へも、なよなよと現われたにちがいない。

辻には、冊封使護衛の兵員たちの演武場があった。そこで、武技の訓練や、馬術の調練が行なわれた。冊封使が、兵員を集合させて査閲することもあった。琉球の人々にとって、またとない見物の対象でもあった。

訪問者

冊封使には、王府からの問安の使者が結構多く、そのたびに会食をして、琉球の事情なども聞いたりしている。汪楫《おうしゅう》が、三山というのは、沖縄諸島・奄美諸島・先島《さきしま》諸島のことではなく、沖縄本島内に三山があったのだ、ということを悟ったのも、このときの会話からであった。

その汪楫には、丁髷《ちょんまげ》姿の、憎らしげな面構えの男共が面謁を求めた。名刺には「琉球国属地七島頭目」とあった。吐噶喇《とから》諸島の郡司というのである。一同は、合掌し、両手をあげ、地に伏して拝し、地に頭を二度つけて、うめき声を出した。土産の品を差し出したが、それは受け取らず、一同に、絹張りの扇子を与え、従者にも心付けを渡して帰らせた。

たしかに、七島郡司は、冊封使に音物《いんもつ》を贈答する仕来りはあった。だが、この時の七島郡司は、薩摩藩の冠船奉行や在番奉行の付衆の藩士や船頭たちであった。

こんな物騒な訪問者は例外である。花の鉢などを持参して、揮毫を願いでる、といったことが多かった。

近くに住む久米村《くにんだ》の人々は、仏桑花《ハイビスカス》や蘇鉄の盆栽や、鉢植えの菊などを差し入れに来た。中国では、重陽の節には、九花山子とか九花塔といって、菊の棚飾りをする風習がある。王宮をはじめ、あちこちから届けられた菊の花が、天使館にも薫ったのである。六月強飯《かしちい》という行事の日は、久米村の人々が、冊封使にも強飯を贈り、冊封使は、それに砂糖をふりかけて賞味している。

従客

既述したように、一品の頂帯を持つ者は、出使には、従客《じゅうきゃく》を伴うことを許された。従客は私的な同行者であったから、使録に従客のことが記されることは、ほとんどない。たとえば、全魁《ぜんかい》の従客の王文治（号は夢楼）は、全魁よりも遥かに有名な詩人であり、能書家であるのだが、周煌《しゅうこう》志略《しりゃく》には、何ひとつ書かれてはいない。

明の最後の冊封使の杜《と》三策《さんさく》の従客の胡《こ》靖《せい》は、画と詩と書にすぐれ、この人の『琉球図記』は、杜・揚使録が読めない私たちに、この時の琉球を描き出してくれている。従客の自由な眼差しは、かえって他の使録にはない真実さも伝えている。崑山《こんざん》の顧《こ》西《せい》樵《しょう》、建州の陳《ちん》仲《ちゅう》昭《しょう》、姑蘇の周《しゅう》鳳《ほう》も、この時の従客である。

張学礼の従客に、姑蘇の陳《ちん》翼《よく》がいた。多芸多才の人であった。国王の願いにより、世子ら三人に琴を教えた。天界寺に泊りこみで一ヵ月、のち王宮で一ヵ月の特訓であった。一人に三曲ずつ琴の曲を伝授した。西湖《せいこ》の呉《ご》燕《えん》時《じ》は、医者であったが、多くの病人の診療をし、数人の琉球の人に、医術を伝授した。

徐葆光の「遊山南記」をみると、従客として翁《おう》長《ちょう》祚《そ》・黄《こう》士《し》龍《りゅう》・呉《ご》份《ひん》がおり、弟の徐《じょ》尊《そん》光《こう》も同行していたことがわかる。翁長祚は、『伝信録』の校正にもたずさわり、後序も書いている。多くの部分が、この人の筆によるものでもあろう。従客の福州の画家、陳《ちん》利《り》州《しゅう》が『伝信録』の画を描いたといわれている。

王文治は、全魁に琉球行きを誘われた時、遽《にわ》かに思い立って承諾した。在京の友人たちは、危険な所へは行かぬようにと引き留めたが、聞かなかった。案の定、久米島で、九死に一生を得たが、この時、「天が自分に、詩を成就させようとしているのだ」という啓示を自覚し、いよいよ詩作に励んだといわれる。もしそうなら、王夢楼にとって、琉球行こそ、生涯の作詩の開眼であったこととなる。事実、渡琉後、詩に雄偉さが頓《とみ》に加わったと評された。嘉慶五年（一八〇〇）四月五日、琉球へと旅立つ李鼎元《りていげん》は、姑蘇駅の号船で、王夢楼が宿泊中とききき、面謁している。その二年後に、夢楼は逝去した。

周煌の従客に端木《たんぼく》氏がいる。端木は複姓で、名は未詳である。琉球の都通事の金聞《きんぶん》は、この冊封の折、館務司加勢として天使館に出入りしており、全魁からは楷書の揮毫を貰っている。副使の周煌から、従客の端木氏が琉球録を作るので、九月二十日から、端木氏の通事を兼務するよう依頼された。琉球録は三ヵ月で完成したので、周煌から「嘉瑞堂」の額一面、楷書の揮毫二枚、柳の画一軸を賞として贈られた。『琉球国志略』編集協力の御礼というわけである。

趙文楷《ちょうぶんかい》の従客には、王文誥《おうぶんこう》・秦元鈞《しんげんきん》・繆頌《ぼくしょう》がおり、李鼎元《きていげん》には楊華才《ようかさい》が同行した。李鼎元は、福州で僧の寄塵《きじん》と香厓《こうがい》を従客に加えた。李使記には、寄塵との深い交友の有様が描かれている。

従客は、冊封使の出使中の私設秘書であり、友人であり、文化使節としての冊封使の、陰の輔佐役である。使録編集の協力者でもあった。また、冊封使の捌《さば》き切れない揮毫の依頼を、従客はせっせと、自分の名で、または冊封使の名で、処理をした。王夢楼の書は、琉球でも、大変尊重された。

東苑と南苑

東苑《とうえん》と南苑《なんえん》は、琉球国王の別邸である。金沢の兼六園、岡山の後楽園、高松の栗林公園、鹿児島の仙巌園（磯《いそ》公園）に相当する。琉球の場合、冊封使を招く場所として作られたという部分が多いと考えられる。東苑は汪楫、南苑は趙文楷の命名である。

東苑は、首里崎山町四丁目のカトリック教会付近にあった。崎山御殿《さちやまうどうん》・御茶屋御殿《うちゃやうどうん》とよばれていた。日本風の茶室のほかに、望仙閣と能仁堂があり、中国の人々にとっては、日本風の建築が面白かったようである。見晴らしが素晴らしく、庭木の手入れも行き届き、風の快い場所であった。東苑は、首里城の火災よけの呪《まじな》い、いわゆる「火返し《ひいげえ》」の仕掛の多い所として、私は注目している。不動明王の梵字のカンマンを刻みこんだ岩とか、石の獅子があったことが、使録ではっきりする。事実、今もこの石の獅子だけは残っていて、人々の拝所になっている。茶室の側に、雩壇《うだん》とよぶ積《ちん》廻《まあさあ》があった。一里塚様の土盛りである。これも火返しのひとつであろう。雩壇とは、雨乞いをする祭壇であるが、その名から、近くの崎山一丁目にある雨乞御嶽《あまごいうたき》と混同されることが多い。雩壇と雨乞御嶽とは、所在する場所が全然違う。冊封使が東苑へ招かれて清遊すると、望仙閣では当然のように揮毫が所望された。それらの額が、次々にと望仙閣や能仁堂に掲げられた。汪楫は、よほど東苑が気に入ったのか、くわしく描写している。そして「まことに中山第一の勝境である」と、すこぶる好意的である。

南苑は、那覇市字真地《まあじ》四二一にあり、復元された。識名園とよばれている。沖縄戦で破壊されたが、復元されて、今は廻遊式庭園の中に、琉球建築があり、公開されている。趙文楷と李鼎元が、嘉慶五年（一八〇〇）八月二十二日に、尚温に招かれたのが、南苑に冊封使が遊んだ最初である。

李使記には、南苑が久場川にあると書いているが、これは多分、琉球側がそんな嘘を言ったのであろう。久場川にあったのは同楽苑であって、南苑ではない。どうしたわけか、東苑にしろ南苑にしろ、その設立について、琉球の資料には明記されていない。民の膏血《こうけつ》を、庭造りなどに浪費しない、という一種のスタイルでもあるのだろうか。東苑の設立を一六七七年とするのが、私以外のすべての人の常識になっている。これは、「苑は、延宝五年（一六七七）、尚貞時代の築造で、同年、伊舎堂親方守浄を普請奉行に任じ、四月工を起し、五月成を告げた（前川系譜）」という東恩納寛惇《ひがしおんなかんじゅん》の記述にもとづいている。幸い阿姓家譜（前川家）は、『那覇市史』資料篇第一巻七に収録されており、八世阿邦卿伊舎堂親方守浄に関する記述も、五〜七ページにすべて出ている。そして、一六七七年に当る康熙《こうき》十六年に、東恩納が書いたようなことは、一字もない。家譜に異本があるというなら、私は何も異を唱えるつもりはないが、東恩納の思い違いであろう。

南苑には、林鴻年《りんこうねん》らの碑なども復元されているが、ただひとつ、育徳泉《いくとくせん》の碑が残っていたことは、私にとっては、なによりのよろこびである。識名園が復元公開された時、まず駆けつけて、趙文楷の筆になる育徳泉の碑を、心ゆくまで見つめ続けたことであった。南苑創設の工事中に、泉が湧いた。趙文楷は、苑に「南苑」と題し、泉に「育徳泉」と命名した。趙文楷の美しい筆から、『易経』の言葉を引用し、新国王尚温の徳が、いよいよ深く広くなるように、との願いが伝わってくる。殿試をトップで合格した趙文楷だけあって、深遠な趣きがただよっている。そして、この育徳泉には、非常に珍しい、淡水産の紅藻《こうそう》類のシマチスジノリ *Thorea gaudichudii Yamada* が生えている。国の天然記念物である。

冊封使たちが訪れた寺社や名勝は多い。しかし、現在は、そのほとんどが失われてしまった。何もない所に立って、ここに何々があったのだと思ってみても仕方がない。首里や那覇などの、たとえ痕跡のわずかでも残っている所を紹介しよう。

首里周遊

守礼門をすこし西へゆくと、北側に首里高校がある。ここが、世子邸と大美御殿の址である。その南側が玉陵《たまうどうん》である。第二尚氏の墓陵で、石造美術の美しさ、大らかさを感ぜずにはおれない荘厳な風景である。玉陵に触れた記述は、使録には意外にも少ないが、張学礼は、短くはあるが、実際に見た者でしか書けない文章を書いている。明堂といった風水用語が用いられており、注目される。

首里三大寺のうち、天界寺《てんがいじ》は、玉陵と守礼門の間にあった。崇元寺《そうげんじ》の国廟《こくびょう》が作られる以前、先王の論祭は、どこで挙行されたかについては、琉球史の領域でも、まだ研究されてはいない。天界寺もまた、先王廟として論祭礼が行なわれた寺の一つと考えてもよいのではなかろうか。第一尚氏の故王の廟で、遺臣たちが夜な夜な哭《こく》する声が、首里城へまで聞えてくるので、国廟を崇元寺の所に建造した、などという説話がある。首里城の近くに、かつては先王廟があったのである。

図23　伊地知貞馨『沖縄志』

戦後，琉球大学の敷地になっていた首里城は，そのおおよそが復元された．しかし，緑ゆたかに茂っていた樹木は，まだほとんど復旧されてはいない．「弁天堂」「安国寺」はその故地に再建されている．「守礼門」をふくむ広い通りが「綾門大道」である．

守礼門をやや左手に進むと、第二尚氏の菩提寺の円覚寺があった。今は、県立芸術大学の美術棟が建っている。形ばかりの総門が復元されている。その前を通り過ぎずに、必ずその裏側へまわっていただきたい。方形の放生池《ほうじょういけ》があり、中央に石造の放生橋が架っている。放生橋は旧国宝。沖縄戦で破損を受けたが、今もなお、琉球石彫芸術のやさしさと繊細さをしのぶことができる。橋をわたった所にある、ゆるい弧を描いた石段も、昔のままのものである。その上に山門があった。総門の左手に、旧国宝の掖門《えきもん》が残っている。これらの貴重な遺物も、実は沖縄戦で辛うじて残存したにもかかわらず、旧琉球大学の設立の際、さらに徹底的に破壊されるところであった。市民の反対がなければ、放生池も残ってはいなかったのである。

円覚寺の向い側に、弁財天堂が、円鑑池《えんかんち》の中島に復元されている。架っている石橋が天《てん》女橋《にょきょう》で、観蓮橋ともいう。南中国の駝背橋《だはいきょう》の形式をそなえ、幸いにも戦災をまぬがれた。五〇〇年前の石橋を、今も私たちは歩いて渡ることができるのである。国の重要文化財である。弁財天堂は、もと朝鮮から将来された、高麗版蔵経の輪蔵であった。侵略した薩摩勢により経文は強奪され、経蔵は破壊された。尚豊が、経蔵址に弁財天堂を創建した。使録に書かれているこのあたりのたたずまいは、やさしい線の石橋のかかった、菱《ひし》と蓮とが水面に浮んだ閑雅な空間であった。

天女橋から池に沿って奥へ行くと、円鑑池と龍潭の間に、龍淵橋《りゅうえんきょう》がある。沖縄戦までは、この橋の石の欄干《らんかん》には、龍・獅子・麒麟・菊・牡丹《ぼたん》などの彫刻が施されており、琉球石彫芸術の白眉《はくび》とたたえられていた。この欄干の残欠や、焼失した寺々の鐘などを、県立博物館で見ることができる。

三大寺のひとつ、天王寺《てんのうじ》は、首里当蔵町二丁目の、日本キリスト教団首里教会と与儀医院の付近にあった。天王寺の西に、仙江院《せんこういん》と慈恩寺《じおんじ》があった。その慈恩寺の址地に、伊江殿内《いいとんち》が建てられたのであるが、今も当蔵町二丁目二二の伊江《いえ》家に、慈恩寺以来の庭が残っている。巣雲園《そううんえん》とよぶが、徐葆光の命名と伝えられる。奇石を重ね、雲形の池八つを、段差をつけて設け、石の龍頭から流れ出る水は、次々に池をめぐってみたし、石橋の下を流れている。池には石虎が、龍頭と対峙する。岩頂の「巣雲」などの文字は趙文楷の筆、「漱石山房《そうせきさんぼう》」の文字は李鼎元の筆である。この巣雲園と、那覇市久米二丁目に新設された福州園で、琉球の新旧の廻遊式中国庭園を見ることができる。福州園の場所は、冊封使が、ふらりと天使館から散歩に出て、碁を打ったり、昼寝をしたりした寺々のあった所である。

山川町三丁目に観音堂が、寒川町一丁目に安国寺が再建されている。いずれも使録に登場する寺である。

弁之嶽《びんぬうたき》は、首里鳥堀町四丁目に、使録に書かれているのとは、似ても似つかぬ風情ではあるが、現存する。木々が鬱蒼《うつそう》とした、国王親祭の聖所であった。那覇市の最高地点（一六五・七メートル）なので、海上からも、地上からもよく見える。風水から言えば、首里王宮の祖山に相当する。趙文楷と李鼎元は、王叔《おうしゆく》の尚周に迎えられ、王叔の尚容らとともに、弁之嶽を遊覧した。この日は、豪華な蒔絵の野弁当に盛られた昼食がひろげられた。帰りがけ、招かれて尚周の邸で夕食をした。一六椀の御馳走が出され、少年たちによる琉舞が演じられた。翌日、正副使は、使を尚周の家へやり、御礼を申し述べさせ、品物と揮毫とを贈っている。

末吉町一丁目の末吉公園に末吉宮《すえよしぐう》がある。その山の下にある万寿寺《まんじゆじ》（のち遍照寺《へんじようじ》）は、末吉宮の神宮寺で、組踊《くみうどい》「執心鐘入《しゆうしんかねいり》」の舞台である。末吉宮を、人々は社壇《しやだん》とよび、熊野三所権現を祀る。社殿と石段は、旧国宝であったが、沖縄戦で、社殿は焼け、石段は破壊をうけたが、復元されている。宮址は国の史跡、石段は県の文化財である。冊封使は、山の形から、亀山とよんで遊覧した。風がよく通り、慶良間の海まで眺望がひろがり、納涼にはよい所であった。徐葆光は「第一の名勝地」と、なかなかのお気に入りであった。

李鼎元は、末吉宮の拝殿に、自分が生れた蜀《しょく》（四川省）にちなんで、蜀楼《しょくろう》と名づけ、額と聯《れん》とを書いている。

那覇遊覧

那覇港口の南北には、倭寇《わこう》に備えて防塁が作られていた。北砲台は三重城《みいぐしく》といい、迎恩亭の近くから伸びた堤防でつながっていた。長い堤防の中程に、沖宮《おきぐう》と、その神宮寺の臨海寺があった。ここの風景は、周煌志略に「臨海潮声」の名で、琉球八景のひとつになっている。月の名所であったが、明治の築港工事でなくなってしまった。ただ、三重城だけは、拝所として、今もある。西三丁目のロワジールホテルオキナワの蔭に、ひっそりと隠れたように残っている。琉舞の「花風《はなふう》」の舞台でもある。南砲台は、屋良座森《やらざもり》城《ぐすく》で、遺構は残っているのだが、住吉町の米軍那覇港湾施設に取り込まれてしまっており、見ることはできない。

奥武山《おうのやま》公園は、かつては漫湖《まんこ》にうかぶ島であった。ここに龍渡寺《りゅうどじ》があった。琉球の人々は龍洞寺《りゅうどうじ》とよぶ。この寺は、冊封使のお気に入りの場所であった。周囲を石垣で取り囲まれた天使館から、ちょっと舟で渡ると、はればれと景色がひろがり、気持がよかったのであろう。特に趙文楷は、ここをたいそう好んでいた。リュウキュウマツの間に、ハイビスカスや蘇鉄が植えこまれており、そこから見ると、漫湖には漁舟がうかび、夕焼けの空の美しさは、この世のものとも思えなかった。ここもまた、琉球八景のひとつで、「龍洞松濤」の図が、周煌志略にある。今は殺風景な公園だが、気をつけてみれば、龍洞寺の開山で、冊封使と詩を唱和した心海上人の墓とか、遷座した沖宮とか、過去をしのぶ断片はある。

奥武山公園の南、山下町の県道七号線沿いに、落平《うていんだ》がある。冊封使録によくその名が書かれる楽平泉《らくへいせん》である。かつては、二条の飛泉が崖の上から、漫湖へ落下していた。石を囲んで水を受けていた。封舟の帰航時には、ここの水が、水槽にたっぷりと汲み込まれた。

若狭町一丁目に、波上宮《なみのうえぐう》、その神宮寺の護国寺、その南隣に旧天尊廟の久米崇聖会が並んでいる。建物は、すべてすっかり沖縄戦で焼失したが、復興されている。波上宮は、熊野三所権現を祀る。胡靖図記に、ここに「石筍岩《せきじゅんがん》」と注して以後、中国人は石筍崖《せきじゅんがい》とよび、琉球八景の「筍崖夕照」は、周煌志略に出ている。旧八月十七日は、中国では潮生辰とよび、浙江省の銭塘江《せんとうこう》などでは、潮津波を見る風習がある。冊封使たちは、旧八月十七夜に、波上宮へ出かけ、高潮の打ち寄せるのを眺めた。冊封使たちの詩には、この波上での石筍観潮をうたったものが多い。趙文楷は、前使周煌の観潮の詩の韻を用い、「波上寺観潮」の一首を詠じたが、この作品と、李鼎元の当日の記を併せ読むと、その夜の情景が瞼に浮んでくる。汪楫は、「波上候潮」と題して四六韻の雄渾な詩を作っているが、その中に、その夜の観潮のために、松明《たいまつ》をもった琉球の人々がいたこともうたわれている。波上といえば、ここで月の照らす夜に、徐傅舟《じょふしゅう》の弾ずる琴をきいた王夢楼の詩を、私は最も愛している。私の訳とともに紹介しよう。

大海無人処　　わだつみの人なきところ
月明生暗潮　　月あかく　くらき潮みつ
孤琴時一奏　　琴ひとつひとたびひけば
白露曖層宵　　しらつゆは空をおおえり
夜静水逾澹　　夜しずか　水たゆたいて
秋涼天更遥　　秋すずし　空はるかなり
鮫人如解聴　　人魚も　しみてききいり
清涙湿水綃　　その涙　ぬらすうすぎぬ

旧天尊廟には、今は聖廟・天妃宮・龍王殿・天尊廟・関帝廟と、沖縄戦で失われた久米村の祠廟を小さくまとめて、閩人《びんじん》三十六姓の子孫の人々が守っている。石垣だけが、ありし日の天尊廟をしのぶよすがである。

冊封使が、一日と十五日に参拝した聖廟《うちんびゅう》と上天妃宮は、ともに今はない。久米二丁目二の那覇商工会議所付近が、聖廟と明倫堂の址である。ビルの前に、孔子の銅像があるのが、孔子廟であった、唯一の名残りである。

久米一丁目三の天妃小学校が、上天妃宮の址である。明治になり、小学校建設のため、廟はすべて天尊廟へ移されてしまった。幸い、石門だけが、今も完全な形で残っている。市の史跡である。石垣の積み方に、過渡期の様式が使われており、貴重な文化財である。

字安里《あさと》三八に八幡神徳寺《じんとくじ》がある。琉球八社のうち、この八幡宮のほかは、すべて熊野権現である。冊封使は、なぜか、社前の八幡橋のことを、よく書いている。

那覇高校の南、楚辺一丁目に、平垣な丘陵がある。城岳《ぐしくだけ》である。岡の上は公園化されている。かつては、数百株のリュウキュウマツの茂る静かな所で、航海をする人々が、安全祈願をする拝所があった。冊封使はここへ来て、人々が祈るのが石であることに、注目している。ここも琉球八景のひとつ「城嶽霊泉」で、王樋川《おうひかぁ》とペアで描かれて、周煌志略にある。城岳は、明治四十三年に、鳥居龍蔵《とりいりゅうぞう》が貝塚を発見した場所でもある。城岳の東、樋川一丁目一に、今も王樋川がある。城岳樋川《ぐしくだけふぃいじゃぁ》とよび、瑞泉につぐ名水として、冊封使録に有名な泉である。今は、水量は乏しく、形をとどめているだけだが、拝所として、人々から尊崇されている。

牧志一丁目一九、ダイエー那覇店の西にあたる所に、低い丘があり、そこに古い墓がいくつもある。人々は「七ッ墓」とよんでいたが、冊封使は、七星山《しちせいざん》と使録に書きとどめている。長寿寺の前の積廻《ちんまあさあ》、イベガマから長虹隄《ちょうこうてい》が始まるが、そこを進むと、間もなく見えるのが七星山であった。趙文楷も「行到七星山頂上、万人回首一時着」とうたっている。大切にしてほしいと、そこへ行くたびに、私は祈る思いである。

若狭三丁目三二に夫婦瀬《みいとうじ》公園があり、そこに亀の形に似た拳石が、よりそって立っている。かつては海中にあり、それを冊封使は亀山《きざん》とよんだ。徐葆光は「末吉の亀山ではない」と、わざわざ注をつけている。

やはり、昔は水中にあった中島大石《なかしまぬうふいし》は、今は泉崎一丁目のバスターミナルの隅に、ぽつんと立っている。李鼎元のいわゆる文筆峰である。岩の上に、小さい樹が集まっている、と李鼎元が書いているが、二〇〇年後の今も、やはり小さい木がびっしりと生えていて、耳をすますと鳥の声もする。県の史跡・天然記念物である。李鼎元は、弁之嶽で「過峡」、中島大石で「文筆峰」と、風水用語を用いている。風水の素養があったのであろうか。それとも、同行した天文生の言ったことなのだろうか。最も風水用語を多用しているのは、周煌志略である。

山南の遊覧の地を付記する。静かな浜辺にアダンの茂る大嶺《うふんみ》の村は、今の那覇空港である。山南王弟の汪応祖《おうおうそ》の故城とは、豊見城《とみぐすく》の城址で、今は豊見城城跡公園になっている。砂嶽《さがく》は、瀬長島《せながじま》で、那覇空港の南の海中にある。米軍の作った水中道路で、車で行ける。白金巌《はくきんがん》は、糸満の白銀堂、山南城は糸満市大里の高嶺小学校がその址である。恵泉《けいせん》は、南《なん》山城《じゃんぐしく》にほど近い嘉手志川《かでしがあ》である。

帰任

登舟

北からの季節風に乗じて帰航するため、冬至のころになると、冊封使《さくほうし》は、一行の人々に登舟《とうしゅう》を命令する。天文生や船員のアドバイスをうけてのことであることは、当然である。それに先立って、依頼された揮毫の紙が、山積しているので、従客と手わけして、せっせと筆を振う。持ってきた扇子や風呂敷といった小物類も、世話になった人や、鉢植えをくれた人々に贈る。親しくなった琉球の人々は、送別の詩や、詩文集をとどけてくる。是非にと、送別会に招かれる。

封舟《ほうしゅう》を点検し、上天妃宮に遷座《せんざ》していた天妃の神像を封舟にもどす。兵員には、「明朝、儀仗を整えて登舟せよ。再上陸を禁止する。」

と、命令する。琉球側は、帰航用の食料二〇日分を、封舟に積み込む。封舟の水槽には、落平《うちんだ》の水が、すでに汲みこまれている。

天使館の料理場のストックを残らず出して、世話をしてくれた琉球のスタッフに分かち与え、李鼎元《りていげん》の場合は、別に銀一両ずつを寸志として渡した。

登舟の日、天使館から節を捧げ、迎恩亭へ行き、ここから杉板《はしけ》に乗って封舟へ行くのだが、周煌《しゅうこう》の時から、国王が迎恩亭で、節を見送るという儀礼ができた。

国王は百官を従え、節を奉迎する三跪九叩頭《さんききゅうこうとう》の礼をし、跪《ひざまず》いて、

「皇帝陛下に、御機嫌うるわしくおわしませと、臣某が申しあげたとお伝えください。」

と、言う。冊封正使が、

「京にもどれば、王に代って奏上いたします。」

と、答える。

別れに涙はつきものである。ことに、天使館で身近かに接していた人々や、自分の邸に随員たちを宿泊させていた人々にとっては、なおさらである。辻の遊女《じゅり》たちも、馴染みになった中国の客たちとの別れは、同様につらかったはずである。陳侃は、

官民の送る人々は、蟻のようであった。全員、漢人としての礼装をして、威儀を正し

たのであるが、二度とは見られないのである。涙を流し、見送りにきた舟から立ち去ることのできない者までいた。これまた、琉球の人々の、天性のうるわしさを窺《うかが》うに足るものであった。

と、しみじみと書いている。

開　洋

二隻の船に乗り込んだといっても、順風があるまでは、開洋（出帆）できるものではない。慶良間諸島の安護浦《あごのうら》へゆき、そこで順風を待つ、というやり方もあるにはあった。

琉球側は、封舟へは天使護送役として、看針通事と船員を乗り込ませた。また、封舟の帰航と同時に、謝恩使一行を乗せた特殊進貢船を出す。特殊進貢の正使は、明初はただ使者とだけ書かれているが、天順年間（一四五七〜六四）から、正副使をば、王舅《おうきゅう》と長史、正議大夫と長史、王舅と正議大夫といった組み合わせで派遣している。明末の尚豊の謝恩使は、正使が王舅、副使が紫金大夫、つまり、首里貴族と久米村《くにんだ》高官のペアとなり、それ以後、清代もその組み合せが踏襲《とうしゅう》された。

東北の風さえあれば、封舟は開洋する。平均一〇日前後で、福建の閩江《びんこう》河口に到着している。浙江省から福建省にかけてのどこかに着き、沿岸の標識島から位置を知り、それから方向を定めて閩江河口を目指せばよいわけである。帰航中、ほとんどの封舟が、嵐に遭遇している。帆柱の鉄のタガが切れたり、帆柱が折れたり、勒吐《ろくと》（籐《とう》製のロープ）が切れたり、舵がこわれたりと、アクシデントにこと欠かない。そのたびに、海に馴れた将校の冷静な判断と、どんな嵐にも職務をやりとげる漳州《しょうしゅう》の船員たちのおかげで、危険を乗り越えている。

こうした嵐の中で、航海守護の女神、媽祖《まそ》のさまざまな霊験譚《れいげんたん》が生まれる。冊封使は、この媽祖の霊助を題本をもって皇帝に報告し、媽祖の祀典や加封を申請する。認められると、春秋に福建《ふっけん》で諭祭《ゆさい》が行なわれるようになったり、天妃や天后の封号に、新たに四文字が加えられたりした。咸豊《かんぽう》七年（一八五七）の媽祖の神号は、「護国庇民妙霊昭応宏仁普済福佑群生誠感咸孚顕神賛順垂慈篤祜安瀾利運沢覃海宇恬波宣恵導流衍慶靖洋錫祉恩周徳溥衛漕保泰振武綏疆天后」と、まるで落語の「寿限無《じゅげむ》」であるが、その中に、冊封琉球使の申請による封号も少なくない。

趙文楷の乗った封舟は、浙江省の温州沖で海賊船に遭遇して、海戦をした。守備の王得禄《おうとくろく》の見事な指揮ぶりにより、賊船は逃走した。温州鎮の総兵の胡振声《こしんせい》は、海賊船を放置していたことと、封舟を護衛しなかったかどにより弾劾された。

福建登岸

封舟が福建に近づくと、定海守禦千戸所《ていかいしゅぎょせんこしょ》で、二号船や、琉球の謝恩船と待ち合わせをし、揃って閩江へ入る。しかし、ほとんどの場合、嵐に遭っているため、定海所で全船揃うということの方が少なかったのではなかろうか。何ヵ月も遅れて、謝恩船がやっと到着するということも、少なからぬことであった。

明代では广石《げんせき》、清代は怡山院《いさんいん》で、海神に報の諭祭を挙行した。渡航時は祈の諭祭、帰航時は報の諭祭である。祈は渡航の安全の祈願、報は渡航の安全であったことの感謝の祭りである。

南台には、福建省城の各官庁の官員が出迎える。登岸した正副使は三山駅に入る。冊封正使は、皇帝に帰着の第一報を送る。

李使記のこのくだりは、印象が特に深い。死と生の報《しら》せが交錯する。

介山（趙文楷）の母君の潘《はん》夫人が、三月二十日にみまかり給うたことをはじめて知り、すぐに弔問にゆき、抱きあって痛哭《つうこく》した。

このたびの任務は、往還は順調、風帆《ふうはん》は快速、琉球の人々は歓喜し、兵員たちに事故なく、まことに幸せであったといえよう。ただ、都司の陳瑞芳《ちんずいほう》が、すでに琉球で病死した。介山は、登岸するや、ただちに訃《ふ》を聞いたのである。これぞ、万事好都合に運んだ中での不都合である。まして、同じ舟で、倶《とも》に渡海し、一緒に永らく暮らしたのである。心が痛まずにはおれようか。

申の刻（午後四時）、陳観察が、家からの便りを送り届けてくれた。老いた母上は、お元気にしておられ、九月十四日に、また男の子が生まれて、母上が海《かい》と名づけてくださった由《よし》である。

李鼎元とウマが合った従客の寄塵は、登岸して幾日か後に急逝《きゅうせい》した。李鼎元は、「哭寄塵」の一首を断腸の思いで詠じた。

福建の人々

汪楫《おうしゅう》が福建から開洋した時、はじめて造船のわずらわしさから、冊封使は解放された。汪楫は、帰任のときも、福州城へは入らず、南台に封舟を七日間停泊させて、封舟内で起居した。招かれつ招きつの宴会をふくむ、さまざまの儀礼を避けるためであった。所用がすむと、そこからすぐ、北京へと引揚げた。その時、福州城内の長老や商店主、民家の人々が、それぞれに路次楽《ろじがく》を奏したり、さまざまな幟《のぼり》を立てて、城から一五里（八・六粁）の所まで送ってくれた。汪楫が笑って、

「七日の間、勅使として御地におりましただけですのに、どうしてわざわざ、このような御苦労をなさいますのか。」

と、言うと、老人がこう答えた。

「冊封のお役目には、明の時代から、これに苦しんで参りました。勅使が福建に御滞在になりますと、ややもすれば数ヵ年にわたります。封舟の建造となりますと、用材を伐《き》り出し、（鉄刀木《たがやさん》の）舵《かじ》を買うという騒ぎになって、深山幽谷の住人とても、逃れることはできません。このたびは、お着きになりますや、ただちに御出発、御滞在による駅の騒がしさが、少しもございませんでした。これが第一でございます。勅使が御滞在になりますと、必ず公費が必要でございます。公費が一であれば、割り当て金は、必ず二倍になります。このたびは、お役目をおはたしなさいましても、人々は、そのことさえ存じ上げてはおりません。これが第二でございます。これまで必要な道具は、すべて商人から取り上げて御使用になりました。お役所が一とすると、冊封の時は三になります。このたびは、何ひとつ取り上げられませんでした。と、申しますのは、お役所では、使用済みの道具を陳列して、一枚の毛氈《もうせん》、一台の燭台も、必ずもとの持主にお返しになりました。使臣としてお出でなさいますお方が、すべてそのようにしてくださるなら、福建は、代々、新たに賜りものを頂きましたようなものでございます。」

言い終らぬうちに、老人の目から涙が流れた。

琉球史では、冊封使一行を迎えるため、どれほど琉球の人々が苦労したかを、くわしく文献をあげ、縷々《るる》述べるのが常である。たしかに間違いのない事実である。だが、一方の事実だけを述べたてるだけで、他方の事実を無視すれば、いや気づかなければ、その記述は不公正となる。

父の死と母の死

一個人の特異な例ではあるが、汪楫をあげたついでに、彼が北京に帰るまでに、こんなことがあった、ということを紹介しておこう。

汪楫の「使録進上の奏本」にこうある。

大急ぎで行程を進め、嶺を越え、旅中、浙江に宿泊いたしました。臣の生母の閔《びん》氏は、家人を遣わして迎えに参り、はじめて臣の生父の汪汝蕃《おうじょばん》が、昨年の八月に、本籍地で死亡したことを知りました。臣は突然のこのたよりをきき、五臓がずたずたとなり、心は動悸し、血がさわぎたち、何をよすがとすべきかもわかりませんでした。母が、いそいで臣が帰るようにと望んでおりましたため、何とかこの世に生きておらねばならず、這うようにして家に着きました。臣の母は、この上もなく痩せ衰え、臣を抱いて、身を震わせて泣きました。そして一〇日あまりもせぬうちに、またまた逝去いたしました。

『明実録』は、冊封使が帰任して、議叙された記録が多い。『清実録』は、冊封使の発令の記録はあるが、帰任や議叙の記録はない。

使録呈上

琉球の謝恩使は、国王の謝恩の表文と、特殊進貢品を進上する。ほかに、国王の「謝労に関する奏本」と、冊封使が琉球で却金した黄金二包とを呈上して、皇帝のお口添えにより、黄金を冊封正副使に受け取らしめるように申請する。多くの場合、願いどおり、聖旨により、黄金は冊封使に受け取らしめられる。

冊封使は、復命書に相当する「海外出使に関する題本」、媽祖の神助に対して、祀典や封号を賜るようにとの題本、清代では、琉球官生入監の代奏の題本等を呈上する。

陳侃の時から、冊封琉球使録もまた、それを呈上する題本とともに、皇帝に提出した。冊封使録を、復命書だとする研究者がいるが、それは違う。出使した者は、必ず復命書である「出使に関する題本」は提出する。だが、使録は、必ずしも呈上する義務はない。使録は、それを皇帝に呈上し、それが内府、または史館に収って後、人々の要望があれば、呈上した原本とは別に、原稿を今一度整理し、序・跋《ばつ》をつけて、刊行したのである。

冊封使録を通覧すると、張学礼使録だけは、異質である。張学礼は、使録を聖祖には呈上していないと、私は考えている。張学礼は、使録で、世祖ばかりを讃えている。

冊封使録全体から感じられることは、それぞれの著者の個性にもとづいて叙述されていることは当然として、それにもまして、その時その時の、皇帝の資質そのものが、大きく反映されている、ということである。冊封使録とは、それぞれの中国皇帝の、琉球に対する思いの反映、といえぬこともない。

琉球王国から沖縄県へ――エピローグ

埃の中にあったもの

明治十五年（一八八二）八月十二日、沖縄県になって三ヵ年後の、首里の聞得大君御殿《ちふいじんうどうん》を、尾崎三良《おざきさぶろう》が訪れた。現在の首里汀良町三丁目の首里中学の場所である。大広間に鍵がかけられていたので、家令に、中を見せてほしい、とたのんだが、「ここは旧藩主の骨董品があるだけで、お目にかけるようなものはございません」と、応じようとはしなかった。同行の首里役所筆者の本村朝昭《もとむらちょうしょう》が、家令をなだめすかして、やっと中へ入れてもらった。畳はぼろぼろで、鼠《ねずみ》が走りまわっていた。生臭い風が鼻をうち、クモの巣が顔にかかった。そこには、巨大な金縁の額が数個あり、大きさは縦《たて》一・五メートル、横三メートルほどあった。金縁の厚さは三〇センチほどで、龍蟒《りゅうぼう》が彫刻され、彩色が施されていた。尾崎三良には、その額が何であるのか、わからなかった。伊地知《いじち》貞《さだ》馨《か》の『沖縄志』（一八七七年）に、何も記されていなかったからである。金の文字は、こうあった。

中山世土《ちゅうざんせいど》（1）
輯瑞球陽《しゅうずいきゅうよう》（2）
永祚瀛壖《えいそえいぜん》（3）
海邦済美《かいほうせいび》（4）
海表恭藩《かいひょうきょうはん》（5）
屏翰東西《へいかんとうざい》（6）
弼服海隅《ひっぷくかいぐう》（7）
同文式化《どうぶんしきか》（8）
瀛嶠屏藩《えいきょうへいはん》（9）

「中山世土」の文字で、清の聖祖の御書《ぎょしょ》であることは、本書の読者は、すぐお解りになったはずである。1は聖祖康熙《せいそこうき》帝、2は世宗雍正《せいそうようせい》帝、3と4は高宗乾隆《こうそうけんりゅう》帝、5は仁宗《じんそう》嘉《か》慶《けい》帝、6と7は宣宗道光《せんそうどうこう》帝、8は文宗咸豊《ぶんそうかんぽう》帝、9は穆宗同治《ぼくそうどうち》帝の御書なのである。日本風にいえば、勅額《ちょくがく》に当る。聞得大君御殿自体、日本風にいえば、皇太神宮《こうたいじんぐう》と宮中賢所《かしこどころ》に相当する聖域である。琉球王国が、沖縄県になった途端、この体《てい》たらくなのである。明治政府と沖縄県庁の、宗教と文教に関する政策と行政のお粗末さが、ここにあますところなく、具体化されていた、といっても過言ではない。

声教東漸　陳侃が『使琉球録』を著わして以来、三三〇年余にわたって、歴代冊封使は、琉球のことを書き続けた。精粗の差はあれ、冊封使は琉球のことを、真面目に書き続けたのである。冊封使は、皇帝の声教が、つまり中国の文化が、どれだけ具体的に琉球に具現されているかを、みずから確認し、記述する使命があった。だから、聖廟が建立され、明倫堂が開設されたことは、特筆大書された。同時に、中国で学んだ琉球の人々が、どれだけ立派に漢文で碑文を書き、詩作できたかも、具体的に記述する必要があった。琉球と中国は、決して、朝貢貿易の利益だけで結ばれていたのではない。文化的にも封貢の関係にあったのである。そして、封貢は、礼によって貫かれていた。それにくらべ、琉球と日本との関係は、あまりにもひどすぎる。日本人《やまとんちゅ》たるもの、沖縄人《うちなわんちゅ》に対して恥ずべきであろう。

中国以外にも、琉球を訪れた人はいる。しかし、それらの人々のうち、自分の筆で、琉球を書いたのは、日本の浄土宗名越派の僧の袋中《たいちゅう》の『琉球神道記』くらいである。薩摩が琉球を侵略してからは、薩摩の侍たちが琉球に駐在した。しかし、この者たちが、琉球のことを書いたことは聞かない。せいぜい遊里で詠んだ琉歌数首が残っているくらいである。強いていえば、名越左源太《なごやさげんた》の『南島雑話』くらいである。残念ながら、奄美大島のことが、克明に、あたたかく、図入りで記されているが沖縄のことは出ていない。

冊封使録は、琉球史の資料の宝庫である。今までの琉球史は、あまりにも『球陽』一辺倒の感なしとしない。『明実録』・『清実録』・『歴代宝案』に、冊封使録と檔案資料を加え、深みと広がりのある琉球史が構築されてゆくことを、心から祈るものである。

あとがき

　私は、一九五二年から四〇年間、文部教官・厚生技官として、国の医療機関で、診療と研究に従事した。一九六七年から、四次にわたって、米軍政下の沖縄各地へ、派遣医として出張した。その時出逢った沖縄の風物と人物の美しさにうたれ、沖縄の勉強をひとりで始めた。一日のうち、何時間かを、沖縄・琉球に関する本を読むことは、診療に疲れた私のこのうえもない慰めとなった。そのうちに、あちこちの本に、『中山伝信録』の書名を見出し、その訳注を読もうと探したが、日本にはなかった。京都大学図書館の蔵本のコピーを取り寄せ、少しずつ自分なりに訳注した。はからずも、その訳注が、一九八二年に言叢社から出版された。以来、読者であることを希望しながら、自分の読みたい使録の訳注者になってしまった。誰もが、それをしてくれなかったからである。

　今では、きちんと本を読むということは、それが外国語の場合、訳注をすることだと、私は感ずるようになった。本業としての医学のために、ドイツ語や英語などの医書や医学雑誌をずいぶん読みもし、膨大なカードも作りはしたのだが、今にして思えば、自分に必要な所だけを、ピックアップしていたにすぎなかった。

冊封使録もまた、一字一字、たとえどれだけ解からなくとも、どれだけ自分の心に染まぬところでも、それを読みといてゆくと、いつしか、著者が本当に伝えたいと思っていることがわかってくる。及ばずながら、このように、少し踏みこんだ所から、冊封使の歴史を紹介したつもりである。

思いがけなく、このような本を書く契機をいただき、何かとお世話になった吉川弘文館の方々に、お礼を申しあげる。

二〇〇二年十二月

原田禹雄

参考文献

原田禹雄訳注『陳侃・使琉球録』（榕樹社、一九九五年）
原田禹雄訳注『郭汝霖・重編使琉球録』（榕樹書林、二〇〇〇年）
蕭崇業・謝杰『使琉球録』万暦刊本
原田禹雄訳注『夏子陽・使琉球録』（榕樹書林、二〇〇一年）
胡靖『琉球図記』順治刊本
原田禹雄訳注『張学礼・使琉球紀・中山紀畧』（榕樹書林、一九九八年）
原田禹雄訳注『汪楫・冊封琉球使録三篇』（榕樹書林、一九九七年）
原田禹雄訳注『中山伝信録』（榕樹書林、一九九九年）
原田禹雄訳注『琉球国志略』（榕樹書林、二〇〇三年）
原田禹雄訳注『李鼎元・使琉球記』（言叢社、一九八五年）
斉鯤・費錫章『続琉球国志略』嘉慶刊本
趙新『続琉球国志略』光緒刊本

著者紹介

一九二七年、京都市に生まれる
一九五一年、京都大学医学専門部卒業
一九五九年、医学博士（京都大学）
現在、国立療養所邑久光明園名誉園長
現代歌人協会員

主要著書
歌集・踽踽涼涼　麻痺した顔　天刑病考
この世の外れ　冊封使録からみた琉球

歴史文化ライブラリー
153

琉球と中国
忘れられた冊封使

二〇〇三年（平成十五）五月一日　第一刷発行

著　者　原《はら》田《だ》禹《のぶ》雄《お》

発行者　林　英男

発行所　株式会社　吉川弘文館
東京都文京区本郷七丁目二番八号
郵便番号一一三―〇〇三三
電話〇三―三八一三―九一五一〈代表〉
振替口座〇〇一〇〇―五―二四四
印刷＝平文社　製本＝ナショナル製本
装幀＝山崎　登

歴史文化ライブラリー

1996.10

刊行のことば

現今の日本および国際社会は、さまざまな面で大変動の時代を迎えておりますが、近づきつつある二十一世紀は人類史の到達点として、物質的な繁栄のみならず文化や自然・社会環境を謳歌できる平和な社会でなければなりません。しかしながら高度成長・技術革新にともなう急激な変貌は「自己本位な刹那主義」の風潮を生みだし、先人が築いてきた歴史や文化に学ぶ余裕もなく、いまだ明るい人類の将来が展望できていないようにも見えます。このような状況を踏まえ、よりよい二十一世紀社会を築くために、人類誕生から現在に至る「人類の遺産・教訓」としてのあらゆる分野の歴史と文化を「歴史文化ライブラリー」として刊行することといたしました。

小社は、安政四年（一八五七）の創業以来、一貫して歴史学を中心とした専門出版社として書籍を刊行しつづけてまいりました。その経験を生かし、学問成果にもとづいた本叢書を刊行し社会的要請に応えて行きたいと考えております。

現代は、マスメディアが発達した高度情報化社会といわれますが、私どもはあくまでも活字を主体とした出版こそ、ものの本質を考える基礎と信じ、本叢書をとおして社会に訴えてまいりたいと思います。これから生まれでる一冊一冊が、それぞれの読者を知的冒険の旅へと誘い、希望に満ちた人類の未来を構築する糧となれば幸いです。

吉川弘文館

〈オンデマンド版〉
琉球と中国
忘れられた冊封使

歴史文化ライブラリー
153

2019年（令和元）9月1日　発行

著　者　原《はら》田《だ》禹《のぶ》雄《お》
発行者　吉川道郎
発行所　株式会社　吉川弘文館
〒113-0033　東京都文京区本郷7丁目2番8号
TEL　03-3813-9151〈代表〉
URL　http://www.yoshikawa-k.co.jp/

印刷・製本　大日本印刷株式会社
装　幀　清水良洋・宮崎萌美

原田禹雄（1927～）

ISBN978-4-642-75553-5